GRIECHISCHE MYTHOLOGIE

DIE GÖTTER DES OLYMP

Gebrüder Stefanides

GRIECHISCHE MYTHOLOGIE

DIE GÖTTER DES OLYMP

CR

Neu erzählt von Menelaos Stefanides
Zeichnungen von Jannis Stefanides

Übersetzung
Christina Tell

SIGMA

DIE GÖTTER DES OLYMP

MADE AND PRINTED IN GREECE

ISBN: 960-425-061-4
© 1997 Verlag Sigma

Mavromichali Str. 20, Tel. 3607667, Fax 3638941
GR-106 80 ATHEN, GRIECHENLAND

EINIGE WORTE ZUR MYTHOLOGIE

In alten Zeiten glich der Mensch einem Kind, das gern Märchen hört. Märchen anderer Art freilich als die heutigen, da sie aus einer großen Not entstanden waren. Schwach und angreifbar sah er sich einer übermächtigen Natur gegenüber, und sein Leben war äußerst beschwerlich. Es geschahen Dinge um ihn herum, die ihn in Angst und Schrecken versetzten und zuweilen auch mit Bewunderung erfüllten. Um sein Dasein erträglicher zu gestalten, suchte der Mensch jener Zeit, die Ursachen dieser Ereignisse zu ergründen. Wenn er dann mit seinen geringen Kenntnissen nicht die richtigen Erklärungen finden konnte, ließ er der Phantasie freien Lauf... Dies entsprach auch seinem Drang, Erfahrungen so in Worte zu fassen, daß er Gefallen daran fand, sie immer wieder von neuem zu erzählen, und sein Publikum nicht müde wurde, ihm zuzuhören. So entstanden großartige Geschichten voller Schönheit und Gefühl, Geschichten, die von Generation zu Generation weiterleben und uns die harten Lebensbedingungen der Menschen im Altertum nicht vergessen lassen.

Es entstanden die Mythen.

Von so seltsamen Ereignissen berichten sie, daß sie uns heute geradezu als Phantasiegebilde erscheinen. Das sind sie aber keineswegs. Hinter all dem sonderbaren Geschehen verbirgt sich fast immer ein Stück Wirklichkeit. Die Mythologie gibt uns Einblick in das Leben der Menschen jener Zeit, zeigt uns, wie sie die Welt sahen und woran sie glaubten. Deshalb ist die Mythologie jedes alten Volkes auch seine Religion.

Die wundervollen Mythen, die im Altertum in Griechenland entstanden sind, gehören heute zum kulturellen Erbe der gesamten Menschheit. Geprägt von der überwältigenden Natur ihres Landes, ließen die Griechen ihre Lebensfreude und ihren Sinn für das Schöne in sie einfließen. Sie bewunderten die Geschöpfe ihrer reichen Phantasie, die Helden und die Götter des Olymp, bis schließlich etwas Merkwürdiges geschah. Die Unsterblichen verblaßten eines Tages im Bewußtsein der Menschen, während das Werk der Sterblichen, die griechische Mythologie, unsterblich wurde. So vermittelt sie jung und alt bis zum heutigen Tag das

Gute und Schöne.

Unser Ziel war es, mit dieser Buchreihe den unwiderstehlichen Zauber der griechischen Mythologie einzufangen. Inwieweit uns das gelungen ist, mögen unsere großen und kleinen Leser beurteilen.

DIE ENTSTEHUNG DER WELT

Die Welt wird aus dem Chaos geboren

Diese Geschichte gleicht keiner anderen, denn sie beginnt vor langer, langer Zeit, früher als alle Geschichten, die je erzählt worden sind. Um sie wirklich von vorn zu beginnen, müssen wir weit zurückgehen und uns auf die Suche nach dem Anfang machen, dem Anfang der Zeit, den es niemals gegeben hat...

In jener fernen Vergangenheit existierte bereits seit undenklichen Zeiten ein Gott, der den Namen Chaos trug. Chaos lebte ganz allein, um ihn herum war nichts als völlige Leere. Es gab weder Sonne noch Licht, weder Erde

noch Himmel, nichts als unendliche Leere und tiefe Dunkelheit.

Jahrhunderte und Jahrtausende vergingen auf diese Weise, bis Chaos es endlich müde war, allein zu sein. So
begann er, über die Erschaffung der Welt nachzudenken.

Als erstes gebar er die Erdgöttin, die die Griechen Gaia
nannten. Sie war unbeschreiblich schön. Voller Kraft und
Leben wuchs sie heran, wurde breit und fest und umschloß
unermeßliche Weiten in ihrer Umarmung. Auf sie gründete
sich unsere Welt.

Dann brachte Chaos den furchtbaren Tartaros und die
schwarze Nacht hervor und gleich darauf den lieblichen,
strahlenden Tag.

Das Reich des Tartaros war über alle Begriffe tief und
dunkel, es lag so tief unter der Erde wie das Chaos über ihr.
Wenn man einen eisernen Amboß aus dem Chaos fallen
ließe, so würde er neun Tage und neun Nächte fallen und
erst im Morgengrauen des zehnten Tages die Erde erreichen. Fiele er hierauf von der Erde weiter in den Tartaros
hinab, wäre er abermals neun Tage und neun Nächte
unterwegs, bis er endlich in der Morgendämmerung des
zehnten Tages die tiefste Tiefe des Tartaros erreichen
würde. So tief unter der Erde lag der Tartaros, deshalb war
die Dunkelheit in ihm undurchdringlich und schwarz.
Zudem war er grenzenlos. Könnte man ihn betreten, würde
man ewig fortschreiten, von rasenden Wirbelwinden
vorangetrieben, und hätte selbst in einem Jahr das andere
Ende nicht erreicht.

Mitten in dieser schrecklichen Gegend, die sogar von

den Unsterblichen gefürchtet wurde, erhob sich das dunkle Schloß der Nacht, das in alle Ewigkeit in schwarze Wolken gehüllt war. Hierhin zog sich die Nacht bei Tagesanbruch zurück, und wenn der Abend dämmerte, breitete sie sich erneut über die Erde aus.

Uranos herrscht über die Welt

Nachdem Chaos sein Werk vollendet hatte, war es an der Zeit, daß die Erdgöttin bei der Erschaffung der Welt half. Sie wollte mit etwas Schönem beginnen und gebar die Liebe, die Göttin, die die Schönheit des Lebens in die Welt brachte. Dann gebar sie den endlosen blauen Himmel, die Berge und das Meer, mächtige Götter, von denen Uranos, der Himmel, der stärkste war. So gestaltete Gaia, die Mutter aller Dinge, die Welt, und sie fand Gefallen an ihrer Schöpfung.

Nun war Uranos der mächtigste Gott. Er hüllte die Erde in seinen blauen Mantel und bedeckte sie von einem Ende zum anderen. Sein prächtiger goldener Thron wurde von vielfarbigen Wolken getragen, von ihm aus herrschte er über die ganze Welt und alle Götter.

Uranos heiratete Gaia und zeugte mit ihr viele Götter, unter ihnen die zwölf Titanen, von denen sechs männlichen und sechs weiblichen Geschlechts waren. Von riesenhafter Gestalt, verfügten sie über gewaltige Kräfte. Einer von ihnen, Okeanos, breitete sich über die ganze Erde aus und erfreute sich einer zahlreichen Nachkommenschaft. Alle Flüsse der Erde waren seine Kinder, und seine dreitausend

Töchter, die Okeaniden, galten als Göttinnen der Quellen und Bäche.

Ein anderer Titan, Hyperion, zeugte mit der Titanin Theia drei anmutige Götter: die helle Sonne, die rosenfingrige Morgendämmerung und den silbernen Mond.

Der jüngste der Titanen war der listige und ehrgeizige Kronos. Von ihm wird im weiteren noch ausführlich die Rede sein.

Kinder des Uranos und der Gaia waren auch die zornigen Kyklopen, ungeschlachte Riesen, die nur ein einziges Auge mitten auf der Stirn hatten. Diese Götter hatten das Feuer in ihrem Besitz und geboten über Blitz und Donner. Sie lebten in den Bergen, wo sie auf einem Gipfel ein ewiges Feuer unterhielten. Diesen riesigen Vulkan benutzten sie, um Rüstungen und Waffen zu schmieden. Die Kyklopen waren Geschöpfe von fürchterlicher Kraft, wenn sie zwischen den Bergen einhergingen, blitzte und donnerte es, und die ganze Welt erzitterte unter ihrem Schritt.

Doch von allen Kindern des Uranos waren die drei Hundertarmigen am größten und schrecklichsten. Es waren Riesen, deren Kraft so groß war, daß sie mit ihren hundert Armen Felsen von der Größe ganzer Berge durch die Luft schleudern und damit die Erde erschüttern konnten.

Eine Vielzahl von Göttern gab es nun, doch nach wie vor herrschte Uranos über die Welt und sorgte dafür, daß alle Dinge ihre Ordnung hatten. Er war ungeheuer stark, deshalb waren seine Wünsche Gesetz, und alle gehorchten seinen Befehlen. Die Jahre seiner Herrschaft waren glückliche Jahre, denn es gab weder Tod noch Bosheit noch Haß.

Aber alle Dinge haben einmal ein Ende.

Eines Tages geriet Uranos über seine Kinder, die Titanen und die Hundertarmigen, in großen Zorn. Sie waren ihm ohne Ehrerbietung begegnet, daher beschloß er, sie streng zu bestrafen. Als Gaia sah, wie wütend er war, fiel sie vor ihm auf die Knie und flehte ihn an, ihnen zu vergeben.

«Mein Herr und Gebieter», rief sie, «Herrscher über die ganze Welt, ich bitte dich, vergib unseren Kindern und stürze die Familie der Götter nicht ins Verderben.»

Der Zorn des Uranos war jedoch nicht zu besänftigen.

«Mutter der Götter», entgegnete er, «wenn Kinder aufhören, ihren Vater zu achten, müssen sie verbannt werden. Lasse ich sie ungestraft, so werden sie mich erneut herausfordern und mich möglicherweise gar vom Thron der Götter stoßen.»

Mit diesen Worten öffnete er die Erde und schleuderte die Titanen und die Hundertarmigen in die dunklen Tiefen des Tartaros hinab. Weder das Licht des Tages noch der schwache Widerschein der Nacht drang zu ihnen, überall war nur tiefe, undurchdringliche Finsternis ohne Ende.

Kronos stößt Uranos von seinem Thron

Gaia wollte es schier das Herz brechen, als sie die eigenen Kinder in ihrem Inneren gefangen wußte. Sie beschloß, mit ihnen zu reden und sie zum Widerstand zu drängen. «Wehe mir», sprach sie, als sie ihre Kinder gefunden hatte, «wie kann ich bis in alle Ewigkeit mit dem Wissen weiterleben, daß meine Kinder im finsteren Tartaros eingeschlossen sind? Wer von euch bringt den Mut auf, der neue Herr über die Götter zu werden? Euer Vater hat lange genug geherrscht. Nun ist es Zeit, daß ein anderer an seine Stelle tritt.»

Die Titanen senkten die Köpfe, desgleichen die Hundertarmigen. Uranos war über alle Maßen stark und jetzt in seinem Zorn noch weitaus furchterregender. Doch es gab einen unter ihnen, dessen Augen vor Freude leuchteten. Das war Kronos, der sich stets danach gesehnt hatte, selbst Herrscher über die Welt zu werden. Er wußte, daß Uranos seine Kinder nicht zu Unrecht in den Tartaros geschleudert hatte. Nun aber war seine Stunde gekommen.

Mit Hilfe der Mutter floh Kronos aus seinem dunklen Gefängnis und gelangte wieder an die Erdoberfläche. Des Lichts entwöhnt, war er im ersten Moment so geblendet, daß er nichts von der Welt um ihn herum wahrzunehmen vermochte. Aber bald gewöhnten sich seine Augen an die Helligkeit, und Kronos sah die Schönheit der Erde mit ihren hohen Bergen, dem weiten blauen Meer und dem grenzenlosen, lichterfüllten Himmel, während er die Wärme der Sonne wie eine zarte Liebkosung auf seiner Haut spürte.

«Mutter Erde», rief er aus, «ich danke dir, daß du mich diese wunderbare Welt erneut hast sehen lassen, diese Welt, die bald mir gehören wird. Doch nun lebe wohl. Ich weiß, was ich jetzt zu tun habe.»

Kronos entschwand den Blicken der Mutter. Nachdem er sich eine große Sichel angefertigt hatte, hüllte er sich in

... Er schlich sich heimlich an ihn heran, und im nächsten
Augenblick war die Tat schon vollbracht...

eine Wolke und flog hoch in den Himmel hinauf, um dort auf eine günstige Gelegenheit zu warten, die sich auch bald einstellte. Als Uranos schlief, schlich er sich heimlich an ihn heran, und im nächsten Augenblick war die Tat schon vollbracht. Kronos verwundete seinen Vater mit der Sichel so schwer, daß dieser in Zukunft weder in der Lage war, über die Welt zu herrschen, noch weitere Kinder zu zeugen.

«Ein zweifacher Erfolg», sagte sich Kronos, «denn nun habe ich von Uranos nichts mehr zu befürchten.» Kaum jedoch war ihm dieser Gedanke durch den Kopf gegangen, als sich der Tag verdunkelte, Donner und Blitz die Welt erzittern ließen und des Vaters schreckliche Stimme wie das Gebrüll eines wilden Tieres widerhallte:

«Verflucht sollst du sein, abscheuliche Brut, mögen deine Kinder dir mit Gleichem vergelten, was du deinem Vater angetan hast!»

Jeder andere wäre vor Schreck erstarrt, hätte er einen solchen Fluch vernommen, Kronos dagegen blieb völlig ungerührt. Er war so glücklich über seinen Erfolg, daß er keinen störenden Gedanken zuließ. Nachdem er auch die übrigen Titanen aus dem Tartaros befreit hatte, fühlte er sich noch sicherer, denn auf sie konnte er seine Herrschaft gründen. Die Hundertarmigen aber ließ er eingesperrt, denn er fürchtete ihre Stärke, während er die Titanen so gut kannte, daß er sich ihrer stets bedienen konnte, um seine eigenen Interessen zu fördern. Nur ein einziger von ihnen verweigerte Kronos seine Unterstützung. Es war Okeanos, dem es ruchlos erschien, daß ein Sohn seinen eigenen Vater verwundet und vom Thron verdrängt. Deshalb wollte er an den Plänen des Kronos keinen Anteil haben. Er zog sich in die entlegensten Winkel der Erde zurück und lebte in Frieden, ohne sich an der ungesetzlichen Herrschaft seines Bruders zu beteiligen.

Durch die schändliche Tat des Kronos kam großes Unheil über die Welt. Um ihn zu strafen, gebar die Nacht einen Schwarm furchtbarer Gottheiten: den Tod, den Betrug, den Alptraum, die Zwietracht, die Rachsucht und viele andere. Kronos herrschte nun auf dem Thron seines Vaters über eine Welt voller Schrecken, Betrug, Haß, Angst, Rachsucht und Krieg. Götter und Menschen würden künftig für sein Vergehen büßen müssen.

Die Geburt des Zeus

Es dauerte nicht lange, bis auch der allmächtige Kronos von Furcht erfaßt wurde. Er war sich jetzt nicht mehr so sicher, daß seine Herrschaft ewig währen würde. Mit Schrecken gedachte er seines Vaters Fluch und fürchtete, daß sich seine eigenen Kinder gegen ihn auflehnen würden, so wie er selbst sich gegen Uranos erhoben hatte.

Aus diesem Grund fällte er eine schreckliche Entscheidung. Er befal seiner Gemahlin Rhea, ihm jedes Kind zu bringen, das sie bekommen würde, um es dann sogleich zu verschlingen. So verschlang er fünf Kinder, die ihm Rhea geboren hatte: Hera, Demeter, Hestia, Hades und Poseidon.

Dann erwartete Rhea wiederum ein Kind und war verzweifelt. Sie wußte sich keinen Rat, wie sie es retten konnte. Deshalb ging sie zu ihren Eltern, Uranos und Gaia, die ihr rieten, ihr Kind auf Kreta zur Welt zu bringen. Dort im Diktegebirge gab es eine heilige Höhle, die im dichten Wald wohl verborgen war. Rhea tat, wie ihr geheißen wurde, und vertraute ihr Kind den Waldnymphen an, die bei der Geburt geholfen hatten. Dann kehrte sie heimlich in den Palast des Kronos zurück und täuschte Geburtswehen vor.

Der fürchterliche Kronos glaubte wirklich, daß seine Gemahlin in den Wehen lag, und versäumte nicht, sie an seinen grausamen Befehl zu erinnern. «Komm rasch zu Ende, Weib, ich kann dein Geschrei nicht ertragen, und bringe mir das Kind, sobald es geboren ist.» Mit diesen herzlosen Worten verließ er Rheas Gemach.

Kaum war er hinausgegangen, nahm Rhea einen Stein, hüllte ihn in Windeln, so daß er ganz darin verborgen war, und brachte ihn ein wenig später ihrem Mann anstelle des Kindes. Kronos schöpfte keinen Verdacht, er verschlang den Stein und war beruhigt.

Das Kind, das auf diese Weise gerettet wurde, trug den Namen Zeus.

ZEUS

Zeus wächst auf Kreta heran

In jener schweren Zeit, als mit der Herrschaft des Kronos das Böse in die Welt kam, war die Geburt des Zeus ein Hoffnungsschimmer, und durch seine Rettung erschien der Kampf für eine bessere Welt möglich.

Alle Götter Kretas eilten dem Kind zu Hilfe, das in der Höhle des Diktegebirges das Licht der Welt erblickt hatte. Es war, als ob sie ahnten, daß dieses Geschöpf die Welt von ihren Banden befreien würde.

Die Nymphen des Waldes hegten das Neugeborene mit

besonderer Zärtlichkeit. Sie legten es in eine goldene
Wiege und schaukelten es sanft in den Schlaf. Und wenn es
erwachte, beugten sie sich über die Wiege und sangen ihm
liebliche Weisen.

Alle lebten in ständiger Angst, daß Kronos das Geschrei
des Säuglings vernehmen könnte. Deshalb umstanden
bewaffnete Krieger, Kureten genannt, seine Wiege und
schlugen jedesmal, wenn er zu schreien begann, ihre
Schwerter gegen die Schilde. Sie machten einen derartigen
Lärm, daß sie das Weinen des Zeuskindes übertönten. So
konnte es der herzlose Vater nicht hören.

Die Tiere des Waldes hatten den jungen Gott sehr gern
und halfen ihm, so gut sie konnten. Selbst die Bienen
bewiesen ihm ihre Liebe, indem sie ihm jeden Tag süßen
Honig brachten.

Den wertvollsten Dienst erwies dem Kind die heilige
Ziege Amaltheia. Sie liebte ihn wie ihre eigenen Jungen
und ließ ihn ihre Milch trinken. Voller mütterlicher Fürsorge wachte sie ständig über ihn und wich niemals von seiner
Seite.

Auch Zeus hatte Amaltheia in sein Herz geschlossen.
Sein größtes Glück war es, auf ihren Rücken zu klettern
und mit ihr zu spielen. Die sanftmütige Ziege duldete
ergeben all seine Neckereien.

Doch eines Tages ergriff der kleine Zeus im Spiel eines
ihrer Hörner, und seine Kraft war schon so groß, daß es
abbrach. Amaltheia war tief betrübt und schaute den Kna-
ben vorwurfsvoll an. Dem jungen Gott tat seine Unacht-
samkeit leid, er bat das heilige Tier, nicht traurig zu sein,

und versprach ihm, daß das abgebrochene Horn, das Horn des Überflusses werden sollte, das immer mit allem gefüllt sein würde, was ihr Herz begehrte. Und so geschah es dann auch. Jedesmal, wenn Amaltheia das Füllhorn umkehrte, fielen erlesene Früchte aus seiner Öffnung, Feigen, Weintrauben, Äpfel und was immer sie sich gerade wünschte.

Alle Tiere des Waldes spielten mit Zeus, und die Nymphen brachten ihm kostbare Geschenke. Die Nymphe Adrasteia gab ihm einen wunderbaren Ball, der aus goldenen Ringen gefügt war. Wenn der Knabe ihn in die Höhe warf, hinterließ er eine leuchtende Spur wie eine Sternschnuppe. Zeus war außer sich vor Freude über dieses herrliche Geschenk.

Zeus faßt einen großen Entschluß

Es gab dort auch einen weisen Adler, der dem jungen Gott von Herzen zugetan war. Er brachte ihm Nektar aus Gegenden, die weit jenseits des Ozeans lagen, und fesselte ihn mit seinen Erzählungen von den fernen Ländern, die er besucht hatte. Das Kind lauschte dem Adler mit weit aufgerissenen Augen und lernte dabei so viele Dinge, daß die Nymphen über seine Kenntnisse staunten.

Zeus wuchs zu einem starken, kühnen und hübschen Jüngling heran, der an Tapferkeit und Wissen von niemandem übertroffen wurde. Da erzählte ihm der Adler eines Tages von Kronos. «Du bist der Sohn des Kronos», sagte er, «und dein Vater hat deine Geschwister verschlungen, weil er fürchtete, daß sie ihm den Thron streitig machen würden.»

Als Zeus von dieser schrecklichen Tat erfuhr und hörte, daß in seines Vaters Reich nach wie vor Niedertracht und Unrecht herrschten, faßte er seinen Entschluß. Er würde Kronos vom Thron der Götter stoßen.

Zeus verließ Kreta, um Mittel und Wege zur Verwirklichung seines Planes zu finden. An einem Fluß traf er den Titanen Okeanos. Okeanos wußte sogleich, wen er vor sich hatte und was jener von ihm wollte. «Ich will dir helfen», sprach er zu ihm, «doch vor allem anderen mußt du deine Geschwister befreien, die noch in deines Vaters Leib gefangen sind.»

Okeanos rief seine Tochter Metis herbei, eine weise Okeanide, die alle Kräuter der Erde kannte, und sagte ihr, daß er einen Trank benötige, der Kronos dazu bringen würde, seine Kinder wieder von sich zu geben. In kurzer Zeit hatte Metis ein geeignetes Kraut gefunden und den gewünschten Trank zubereitet.

Zeus füllte ihn in einen goldenen Kelch, und es gelang ihm, ihn Kronos als erlesenen Wein anzubieten, ohne daß dieser merkte, wer er war.

Ein einziger Schluck genügte. Kronos bekam sogleich heftige Leibschmerzen. Er konnte die Kinder nicht länger bei sich behalten und begann, sie auszuspeien. Zuerst kam der Stein zum Vorschein, den er zuletzt verschlungen hatte, und dann die fünf anmutigen Kinder des Gottes, eines nach dem anderen. Kaum waren sie befreit, so liefen sie, ihren Bruder zu umarmen, der sie erlöst hatte. Als Kronos begriff, daß man ihn hintergangen hatte, war es bereits zu spät. Doch sollte die Sache damit nicht ihr Bewenden haben.

Die Titanenschlacht

Kronos erkannte die Gefahr und rief die Titanen, seine starken Brüder, zu Hilfe. Zeus wiederum begriff, daß er nichts ausrichten würde, ehe nicht seine eigenen Brüder herangewachsen wären.

Als es endlich soweit war, kamen die Geschwister zusammen, um ihrem Befreier mit vereinten Kräften beizustehen. Andere Götter schlossen sich ihnen an, allen voran der mächtige Okeanos mit seinen Nachkommen Kratos, Zelos und Nike, die Ordnung, Arbeit und Frieden verkörperten. Auch Prometheus gesellte sich zu ihnen. Er war der Sohn des Titanen Iapetos und liebte die Menschen sehr. Ferner halfen Zeus die einäugigen Kyklopen. Sie gaben ihm Blitz und Donner als Waffen gegen seine Feinde in die Hand. Zeus selbst trug das Fell der heiligen Ziege Amaltheia, die ihn im Diktegebirge gesäugt hatte, um die Schultern. Dieses Zauberfell, die Aigis, gewährte seinem Träger Schutz, so daß Zeus damit unverwundbar war.

Als Kronos von den Vorbereitungen des Zeus erfuhr, versammelte er die Titanen auf dem Othres, einem Bergmassiv, dessen Hänge mit riesigen Felsbrocken übersät waren. Diese schützten sie nicht nur, sondern dienten ihnen auch als Wurfgeschosse, die sie mit ihren gewaltigen

...So begann der verheerendste Krieg alle

...eiten, die furchtbare Titanenschlacht...

Kräften aufnehmen und auf die Feinde hinabschleudern
konnten.

Zeus und seine Verbündete errichteten ihr Lager auf dem
hohen Olymp, der von nun an ihre Festung war und auf
dem sie später goldene Paläste errichten sollten.

Bevor die Schlacht begann, versammelten sich die Götter dort um einen Altar, den die Kyklopen errichtet hatten,
und schworen, unter Aufbietung all ihrer Kräfte für eine
bessere und gerechtere Welt zu kämpfen. Dann schwangen
sie ihre Speere und stürzten sich mit einem Kriegsruf, der
den Olymp erzittern ließ, auf die Titanen. So begann der
verheerendste Krieg aller Zeiten, die furchtbare Titanenschlacht, die zehn Jahre dauern und die ganze Erde verwü-
sten sollte.

Dicke, schwarze Wolken ballten sich am Himmel und
verdunkelten die Sonne. Ein entsetzlicher Sturm brach los,
er heulte und tobte wie tausend Teufel. Die Wolken jagten
am Himmel dahin und prallten zusammen, als ob auch sie
sich im Kampf befänden. Plötzlich brachten heftige Donnerschläge des Zeus die Erde ins Wanken, grelle Blitze
durchzuckten den Himmel. Ein Hagel von Donnerkeilen
ging auf das Lager des Kronos nieder. Da ergriffen die
Titanen riesige Felsblöcke und schleuderten sie mit fürchterlicher Wucht auf ihre Feinde hinab. Die Götter des
Olymp drangen jedoch unbeirrt gegen den Othres vor und
gingen mit Schwertern, Speeren, ja sogar mit den bloßen
Händen auf die Titanen los. Wie rasende Bestien fielen
Titanen und Olympier übereinander her, und ihr Haß entlud
sich in einem wilden, grausamen Kampf. Die Erde bebte,

Wälder gingen in Flammen auf, das Meer kochte, und schwarze Rauchschwaden standen in der sengenden Hitze.

Es herrschte ein ohrenbetäubender Lärm. Auf das Zischen der Blitze folgten Donnerschläge, das Klirren der Waffen vermischte sich mit dem drohenden Grollen des Erdbodens, und die wilden Schreie der Krieger drangen durch das Tosen des Windes, sie übertönten sogar noch den Donner des Zeus. In ihrem heftigen Ringen fanden sich beide Seiten bald auf dem Othres, bald an der Küste, bald in der thessalischen Ebene wieder. Den Titanen gelang es in einer Phase der Schlacht, eine Wolke erstickenden Dampfes gegen ihre Feinde auszusenden und sie damit auf den Olymp zurückzudrängen. Doch nicht für lange. Bald schon verließen die Götter das Bergmassiv wieder und stürmten in die Ebene hinab, wo sie erneut mit den Titanen zusammenstießen. Erde, Himmel und Meer waren zu einer einzigen riesigen Hölle geworden, doch keine Seite konnte einen Vorteil erlangen.

Irgendwann gelang es Zeus, die Hundertarmigen aus den Tiefen der Erde zu befreien, in denen Kronos sie aus Furcht vor ihrer mächtigen Kraft gefangengehalten hatte. Nun stürzten sich diese berghohen Riesen an der Seite ihres Befreiers in die Schlacht. Die Titanen leisteten hartnäckigen Widerstand, und die Erde wurde so erschüttert, daß sie sich mehrfach auftat und die tiefsten Tiefen des Tartaros freigab. Die Katastrophe erreichte ihren Höhepunkt, als sich die Titanen, die Hundertarmigen und die Götter des Olymp von Angesicht zu Angesicht gegenüberstanden. Die Erde bebte, Berge stürzten ins Meer, eine Sturmflut raste

über das Land dahin. Zeus spaltete mit Blitz und Donner
ganze Gebirge, und die Flammen schlugen bis zur Sonne
empor. So furchtbar war diese Schlacht, daß es schien, als
ob die Erde in den Tartaros versinken und der Himmel
einstürzen wollte.

Neun ganze Jahre dauerte der grauenvolle Kampf. Im
zehnten Jahr begann dann die Kraft der Titanen zu erlah-
men, und es kam zu einer schrecklichen Verfolgungsjagd
über Wasser und Land. Die erschöpften Titanen liefen vor
dem wilden Zorn ihrer Feinde davon, sie liefen um ihr
Leben. Bis zur anderen Seite des Ozeans, bis ans Ende der
Welt verfolgten sie die Götter, und bei dieser wilden Jagd
wurde alles zerstört, was bislang unversehrt geblieben war.

Schließlich kamen die Titanen wieder nach Griechenland zurück. Von hier waren sie aufgebrochen, hier sollte
sie auch ihr Ende erwarten. Ein letztes Mal boten die Götter
des Olymp all ihre Kräfte auf und stürzten sich wie ein
verheerender Wirbelwind auf die Titanen. Diese wehrten
sich verbissen, wilden Tieren gleich, die vom Jäger gestellt
werden. Erde und Himmel, Feuer und Wasser vermischten
sich, Tag und Nacht waren nicht mehr auseinanderzuhalten.

Und als ob all dies noch nicht genügt hätte, nahmen die
Hundertarmigen dreihundert Felsen von der Größe eines
Berges auf und schleuderten sie auf das Lager der Titanen.

Nie zuvor hatte es ein Erdbeben dieses Ausmaßes gegeben. Als es aufhörte, breitete sich eine seltsame Stille aus.

Der Kampf war vorüber, der Feind geschlagen.

So endete der größte Krieg aller Zeiten, die Titanenschlacht, die auf den ersten Blick wie ein reines Phantasie-

gebilde erscheint, vermutlich aber auf eine Naturkatastrophe hinweist, die sich tatsächlich ereignet hat. Wer durch Griechenland reist und dort gespaltene Berge findet und andere, die aussehen, als ob sie ins Meer gestürzt sind, mag an diese legendäre Schlacht denken. Vielleicht haben die gewaltigen Verwüstungen, von denen wir heute wissen, daß sie durch Erdbewegungen bewirkt wurden, bei den Menschen jener Zeit den Mythos von der Titanenschlacht entstehen lassen.

Doch unsere Geschichte ist hier noch nicht zu Ende.

Die Titanen wurden mit schweren, von den Kyklopen geschmiedeten Ketten gefesselt und von den Göttern des Olymp in die finsteren Tiefen des Tartaros geworfen. Gewaltige eiserne Tore, vor denen die Hundertarmigen Wache standen, schlossen sich über ihrem schrecklichen Gefängnis.

Unzählige Jahrhunderte lagen die Titanen dort gefangen und sehnten sich nach dem Licht des Tages.

Die Sieger aber kehrten voller Stolz über ihren großen Triumph auf die sonnigen Hänge des Olymp zurück. Schauten sie freilich auf die Erde hinab, zog ein Schatten über ihr Gesicht. Sie war nicht wiederzuerkennen, die entsetzliche Schlacht hatte keinen Stein auf dem anderen gelassen. Die Götter sahen, daß es eine schwere Aufgabe sein würde, die verwüstete Erde wiederherzurichten.

Zeus kämpft gegen Typhon

Doch es blieb ihnen kaum Zeit, sich ihres Sieges zu

freuen, denn schon nahte ein neuer, fürchterlicher Feind.

Gaia zürnte Zeus und den anderen Göttern, weil sie so hart zu ihren Kindern, den Titanen, gewesen waren. Deshalb vereinigte sie sich mit dem finsteren Tartaros und gebar das schreckliche Ungeheuer Typhon, einen riesigen Drachen, der die höchsten Berggipfel überragte. Er hatte hundert Köpfe mit schwarzzungigen Mäulern, und Feuer schoß aus seinen Augen. Sein wildes Gebrüll hallte in den Gebirgsschluchten wider, bald glich es dem Heulen des Sturmes, bald dem Gebrüll eines wilden Löwen, bald dem eines gereizten Stiers. Unwetter, Stürme und verheerende Wirbelwinde brachte Typhon mit sich.

Als die Götter dieses furchtbare Untier auf den Olymp zukommen sahen, erschraken sie sehr. Viele von ihnen flohen nach Ägypten, um sich dort in Sicherheit zu bringen. Zeus aber stürzte sich unerschrocken auf Typhon und hieb mit einer diamantenen Sichel auf ihn ein. Vor Schmerz aufheulend, wandte sich das Ungeheuer zur Flucht. Zeus nahm die Verfolgung auf, und wiederum hagelten seine Donnerkeile auf die Erde nieder.

Typhon hinterließ auf seinem Weg eine Spur des Grauens. Ein rasender Wirbelwind machte alles dem Erdboden gleich. Ganze Wälder wurden entwurzelt, Felsen stürzten von den Bergen herab, die Meereswogen türmten sich haushoch und spülten hinweg, was sich ihnen in den Weg stellte. Auf diese Weise erreichten Zeus und Typhon irgendwann Syrien.

Hier stellte sich das Ungeheuer seinem Verfolger, und es begann ein erbitterter Kampf, in dessen Verlauf es

Typhon gelang, Zeus zu packen und mit seinem Schlangenleib zu umschlingen. Er entwand ihm die diamantene Sichel, durchschnitt die Sehnen seiner Hände und Füße und zog sie aus seinem Körper. Kraftlos sank der mächtige Gott zu Boden. Sogleich trug ihn das Untier in eine Höhle in Kilikien und lief davon, einen Felsblock zu holen, mit dem es die Höhle verschließen konnte.

Während Typhon einen Stein von passender Größe suchte, kam Hermes, der listige Sohn des Zeus, seinem Vater zu Hilfe. Es gelang ihm, die Sehnen des Gottes zu entwenden und sie mit großer Geschicklichkeit und Geduld wieder in seine Hände und Füße einzusetzen. Als Typhon begriff, was geschehen war, war es bereits zu spät. Zeus stürzte sich ohne Erbarmen auf das Ungeheuer, er schleuderte seine Blitze nach ihm, bis es vor Schmerz aufheulte und sich zurückzog. Auch jetzt zerstörte es bei seiner Flucht alles, was ihm in den Weg kam. Als er die Berge Thrakiens erreichte, leistete Typhon ein letztes Mal verzweifelten Widerstand. Die Gebirgshänge färbten sich rot von dem Blut, das aus seinen Wunden strömte. Seit jener Zeit nennen die Griechen die Gebirgskette, die quer durch das heutige Bulgarien verläuft, Haimos, eine Bezeichnung, die auf das griechische Wort für Blut zurückgeht.

Schließlich erreichte Typhon Sizilien, wo Zeus hundert Blitze auf einmal auf das fliehende Untier schleuderte und all seine Köpfe verbrannte. Es sank zu Boden, und sein Schlangenleib ging in Flammen auf. Um ganz sicher zu gehen, wälzte Zeus noch ein Bergmassiv auf das brennende Ungeheuer. Das Feuer bahnte sich jedoch seinen Weg durch das Gestein, brach aus dem Gipfel hervor und bildete einen Vulkan. Ätna ist sein Name, und er ist bis auf den heutigen Tag nicht erloschen. So verbreitet Typhon noch immer Angst und Schrecken und verursacht oft große Katastrophen.

Abermals kehrte Zeus als Sieger auf den Olymp zurück. Alle Feinde waren nun geschlagen, und die Götter konnten die Welt in Frieden regieren. Doch zunächst mußte die verwüstete Erde wieder fruchtbar gemacht und das Lächeln des Friedens auf die Lippen der Menschen zurückgebracht werden. Die Olympier teilten die Welt untereinander auf, um die Ordnung in möglichst kurzer Zeit wiederherzustellen. Zeus, der mächtigste von ihnen, übernahm die Herrschaft über den Himmel. Poseidon wurde Herr der Meere und Hades oder Pluton, wie er auch genannt wird, erhielt das Reich der Unterwelt, in das die Seelen der Toten gelangten. Die Erde mit all ihren Früchten wurde Demeter zugeteilt, während Hera, die Herrin des Himmels, die Schutzherrschaft über die Ehe übernahm und die Menschen mit Kinderreichtum segnete. Viele andere Götter lebten noch auf dem Olymp, über allen stand aber Zeus, der Herr über die Götter und die Menschen.

Der Olymp

Nach ihrem Sieg über die Titanen erbauten die Götter auf den höchsten Gipfeln des Olymp prächtige Paläste. Sie waren aus purem Gold und hatten ihresgleichen nicht in der ganzen Welt. Majestätisch wie die Götter selbst erstrahlten sie im Licht der Sonne.

An ihrem Eingangsportal standen drei anmutige Göttinnen, die Horen. Sie hielten die Wolken fern, so daß über den Dächern der Paläste der Himmel stets blau war und niemals ein Schatten auf sie fiel. Weder Regen noch Wind, weder Hitze noch Kälte gab es auf dem Olymp, es herrschte dort ewiger Sommer. Nur während der Abwesenheit der Götter legten die Horen einen Wolkenschleier über die prachtvollen Bauten, um sie vor der Welt zu verbergen. Kehrten die Unsterblichen dann heim, vertrieben die drei Göttinnen die Wolken, und die Paläste erstrahlten erneut in ihrem goldenen Glanz.

Tief unter ihnen, die Erde war von Wolken bedeckt und unterlag dem Wechsel der Jahreszeiten. Auf Frühling und Sommer folgten Herbst und Winter und auf Glück und Freude Unglück und Leid. Auch die Götter kannten Augenblicke der Bitternis, doch waren diese nur von kurzer Dauer, und das Glück säumte nicht, zu ihnen zurückzukehren.

Es war ein herrliches Leben auf dem Olymp. Bei ihren Gelagen aßen die Götter Ambrosia, tranken Nektar und freuten sich ihrer ewigen Jugend. Die lieblichen Chariten und die Musen sorgten für ihre Unterhaltung. Sie faßten sich an den Händen und tanzten und sangen so entzückend, daß die Olympier von ihrer leichtfüßigen Anmut wie verzaubert waren. Und wenn Musen und Chariten ihren Tanz beendet hatten, sangen sie stets eine Hymne auf den allmächtigen Zeus, den Vater der Götter und der Menschen, der ihr höchster Gott war.

In der Tat achteten die Götter Zeus wie einen Vater. Er war der stärkste von ihnen und hatte sie in den Kampf gegen Kronos und die Titanen, gegen das Böse und die Ungesetzlichkeit geführt und ihnen zum Sieg verholfen.

Zeus thronte majestätisch über den Göttern. Seine Gemahlin war die stattliche Hera, die Himmelskönigin. Prächtig gekleidet und strahlend vor Schönheit und Würde, nahm sie ihren Platz auf einem goldenen Thron zu seiner Rechten ein, und alle Götter begegneten ihr mit der ihr zukommenden Ehrerbietung. Zwei andere Göttinnen standen auf Zeus' linker Seite. Es waren die Friedensgöttin Eirene und die geflügelte Siegesgöttin Nike, die den Göttervater im Kampf gegen das Böse unterstützte.

Zeus regiert die Welt

Aus seinem himmlischen Reich schaute Zeus auf die Erde herab und regierte über alle Dinge. Er wirkte dem Bösen entgegen und bewahrte die Ordnung. Wehe dem, der seine Gesetze verletzte, denn wenn der Göttervater nur die Augenbrauen zusammenzog, verhüllten schwarze Wolken den Himmel. Geriet er in Zorn, war sein Antlitz furchtbar anzuschauen, und grelle Blitze schossen aus seinen Augen. Zeus brauchte nur seine Hand zu bewegen, schon erschütterten Donnerschläge die Erde. So zeigte er seine Stärke, bestrafte alle, die den Frieden brachen und rief den Menschen die Gesetze der Götter in Erinnerung.

Solange sie aber nicht gegen die göttliche Ordnung verstießen und ihn ehrten, belohnte Zeus die Erdbewohner mit wärmendem Sonnenschein und lebenspendendem Naß, und sie freuten sich an den Früchten seiner Gnade.

Alle Götter waren Zeus zu Willen, sie sorgten dafür, daß seine Gesetze eingehalten und seine Befehle ausgeführt wurden.

Themis, die Göttin der Gesetze, war stets an seiner Seite. Sie nahm seine Befehle entgegen und übermittelte sie augenblicklich den Menschen. So wurden die von Zeus festgelegten Gesetze auf der Erde verbreitet.

Die Göttin Dike verteidigte die Gerechtigkeit und haßte die Falschheit. Wo immer sie ein Unrecht sah, setzte sie Zeus davon in Kenntnis, und er fällte dann sein Urteil. Mit wem Zeus ins Gericht ging, der war übel dran, denn eine härtere Strafe konnte ihn nicht treffen.

Bereute ein Missetäter jedoch, bevor es zu spät war, so verzieh ihm Zeus großmütig, und die grausamen Erinyen, die Rachegöttinnen der Unterwelt, ließen von ihm ab.

Zeus war es auch, der den Menschen Freude und Leid zuteilte. Zwei große Tongefäße standen am Eingang zu den Palästen des Olymp. Das eine von ihnen enthielt alles Glück, das andere alles Unglück der Welt. Aus diesen Gefäßen nahm Zeus Gutes und Böses, und jeder Mensch auf der Erde bekam seinen Teil davon. Wehe dem, für den der große Zeus allein in das Gefäß des Bösen griff. Er war zum Unglück verurteilt, und es gab kein Mittel, ihn davor zu bewahren, denn es war der Wille des Göttervaters. Erhielt jemand hingegen ausschließlich Gaben aus dem Gefäß des Guten, war er der glücklichste Mensch der Welt. Das geschah allerdings selten, ja fast nie. Wer Glück und

Unglück zu gleichen Teilen empfing, mußte schon zufrieden sein, denn das Los der Menschen war schwer.

«Dem Menschen ist es bestimmt zu leiden», sagte der
mächtige Zeus, «denn selbst die Unsterblichen kennen
sowohl Freude als auch Bitternis.»

Doch obgleich es Zeus war, der Freude und Leid aus-
teilte, so entschieden letztlich seine drei Töchter, die
unbestechlichen Schicksalsgöttinnen, über das Los der
Menschen. Selbst Zeus griff niemals in ihr Wirken ein,
denn niemand hatte das Recht, die Gesetze zu ändern, die
das Leben bestimmten. Die Schicksalsgöttinnen, von den
Griechen Moiren genannt, übten eine furchtbare Macht aus
und waren taub für alle Bitten, Gebete und Opfer. Was
immer sie entschieden, alle mußten sich damit abfinden.
Klotho spann den Lebensfaden jedes Sterblichen und
bestimmte damit, wie lange sein Leben währte. Wurde der
Faden durchgeschnitten, so starb er. Lachesis, die zweite
der Göttinnen, zog mit geschlossenen Augen das Los jedes
Menschen. Gut oder schlecht, von jenem Augenblick an
war es sein unabänderliches Schicksal. Niemand konnte das
Los ändern, das die Moiren für ihn ausgewählt hatten, denn
die dritte von ihnen, Atropos, hielt auf einer langen Papy-
rosrolle ein für allemal fest, was die beiden anderen be-
schlossen hatten. Und was einmal geschrieben war, das
konnte nicht einmal von den Schicksalsgöttinnen selbst
wieder ausgelöscht werden.

So waren die Moiren, hart, unerbittlich und unnahbar.

Außer den unbarmherzigen Moiren lebte auf dem Olymp
aber auch eine äußerst freigebige Göttin, die den Menschen

...Was einmal geschrieben war, das konnte nicht
wieder ausgelöscht werden...

nur Gutes tat. Es war Tyche, die Göttin des glücklichen
Zufalls und des Überflusses. In den Händen hielt sie das
Horn der Amaltheia, eben jenes Horn, das der kleine Zeus
der heiligen Ziege im Spiel abgebrochen hatte. Nun zog
diese anmutige Göttin durch die Welt und bedachte die
Menschen mit reichen Gaben aus dem Füllhorn. Ihr waren
aber die Augen verbunden, so daß ihre Gaben willkürlich
auf die Menschen fielen und bald den Gerechten, bald den
Ungerechten, bald den Fleißigen, bald den Faulen begün-
stigten. Wer den Weg der Tyche kreuzte, dem lachte das
Glück, denn sie leerte sogleich das Füllhorn über ihn aus,
so daß unermeßlicher Reichtum herausquoll. Doch wahr-
haftiges Glück war nur wenigen Menschen vergönnt, denn
einerseits kam es selten vor, daß jemand Tyche begegnete,

und andererseits war Reichtum allein dafür nicht ausreichend.

Auch Zeus selbst half den Menschen auf mancherlei Art und Weise. In Dodone besaß er eine heilige Eiche, die schmackhafte, süße Früchte trug. Es wird sogar berichtet, daß diese Eicheln die ersten Früchte waren, die die Menschen je aßen. Wer den Rat des Zeus suchte, kam zu diesem heiligen Ort. Hatte er dem Gott geopfert und seine Bitte ehrfürchtig vorgetragen, kam ein leichter Wind auf, und die Blätter des Baumes bewegten sich. Die Priester des Heiligtums deuteten das Wispern der Blätter und gaben den Orakelspruch des Zeus bekannt. Dieser wurde in jedem Fall geachtet. Nie hat man gehört, daß jemand das Orakel von Dodone befragt hätte, um seinen Rat dann zu verwerfen.

Doch von allen Orten, an denen Zeus verehrt wurde, war
Olympia der bedeutendste. Hier stand der prachtvolle
Tempel des olympischen Zeus. Alle vier Jahre trafen sich
die Menschen aus ganz Griechenland, das in viele Stadt-
staaten unterteilt war, um in Eintracht Zeus zu ehren und an
den berühmten Olympischen Spielen teilzunehmen. Mit
Trompeten kündigten heilige Herolde das Ereignis in allen
Teilen des Landes an. Selbst Kriege wurden dann unterbro-
chen, und die Gedanken aller waren ausschließlich auf
sportliche Siege im Stadion zu Olympia gerichtet. Junge
Athleten wetteiferten im Laufen, Weitsprung, Diskuswurf,
Ringen und in anderen Sportarten. Ihre einzige Belohnung
war ein Kranz vom Ölbaum, ihr einziger Wunsch, in fairem
Wettkampf Ruhm für sich und ihre Stadt zu erringen.

Die zwölf Götter des Olymp

Viele Götter lebten auf dem Olymp, doch zwölf von ihnen waren die bedeutendsten. Über allen stand natürlich
Zeus, der Blitz und Donner in seiner Gewalt hatte. Er
herrschte über den Himmel und war der Vater der Götter
und der Menschen. Danach kam die würdevolle Hera,
Zeus' Gemahlin, mit einem goldenen Diadem auf der Stirn.
Auch sie gebot über den Himmel und war die Schutzherrin
der Ehe und der Frauen. Die blauäugige Athene mit Speer
und Helm war die Göttin der Weisheit, der Künste und der
gerechten Kriege, der goldlockige Apollon mit seiner Leier
der Gott des Lichtes und der Musik. Der Erderschütterer
Poseidon mit dem Dreizack war der Gott des Meeres, die

strenge Artemis mit Pfeil und Bogen die Göttin der mond-
hellen Nächte, der Wälder und der Jagd. Die anmutige
Aphrodite mit ihrem geflügelten Sohn Eros wurde als
Göttin der Schönheit und der Liebe verehrt, der hinkende
Hephaistos mit seinem Stock als Gott des Feuers und der
Schmiedekunst. Die leidgeprüfte Demeter, die Göttin des
Ackerbaus, hatte einen Kranz aus goldenen Ähren auf
ihrem Haupt. Der schnellfüßige Hermes mit den Flügel-
schuhen war der Gott des Handels und der Bote des Zeus,
der blutrünstige Ares in seiner Rüstung der wilde Gott des
Krieges und die bescheidene Hestia die Göttin des Hauses
und seines nie verlöschenden Herdes.

Gemeinsam mit diesen Göttern und noch vielen anderen
herrschte Zeus über die Welt und wachte darüber, daß die
Ordnung gewahrt bliebe und seine Gesetze nicht verletzt
würden.

Die wunderbaren Geschichten vom Leben und von den
Taten der zwölf Götter des Olymp werden Gegenstand der
folgenden Kapitel sein.

Von Zeus war schon die Rede, doch gibt es noch weit
mehr von ihm zu berichten. Als mächtigster aller Götter
spielt er in der griechischen Mythologie immer wieder eine
Rolle. Daher werden wir noch oft auf die Gestalt des Zeus,
des Herrschers über die Götter und die Menschen, zurückkommen.

HERA

Im Land der Hesperiden

Vor undenklichen Zeiten saß eine Göttin auf einem Felsen und hielt ein kleines Mädchen in ihren Armen. Dies trug sich zu, als noch der furchtbare Titan Kronos über die Götter und die Menschen herrschte, und die Göttin war niemand anders als Rhea, die Gemahlin des Kronos. Nachdenklich ließ sie ihren Blick in die Ferne schweifen. Ein großer Kummer lag auf ihrem Gesicht, für den es freilich einen ernsten Grund gab. Sie mußte ihre Kinder in Sicherheit bringen, denn aus Furcht, daß sie ihm den Thron streitig machen könnten, drohte ihr Mann, sie alle zu vernichten. So hielt die Titanin jetzt ihre kleine Tochter Hera im Arm und suchte verzweifelt nach einem Ort, wo sie sie verbergen könnte.

Es war die Stunde, da die Sonne sich langsam dem Horizont zuneigte, und Rheas Augen bot sich ein überwältigendes Bild. Ganz in die Betrachtung des prächtigen Abendhimmels versunken, kam ihr plötzlich ein Gedanke. Dort im Westen, hinter jenen fernen, in allen Farben leuchtenden Wolken, befand sich das schönste Land der Erde, das märchenhafte Reich der Hesperiden, wo ihre drei Schwestern, die Horen, lebten, deren Hilfe sie jetzt dringend brauchte.

Das Land der Hesperiden lag in so weiter Ferne, daß es nie ein Mensch erreichen konnte, erst viel später gelangten die legendären Heroen Herakles und Perseus dorthin. Vor allem aber kam Kronos niemals in jene entlegene Gegend.

«Dort will ich meine Tochter verstecken», dachte Rhea und machte sich unverzüglich auf den Weg.

Es war eine wunderbare Reise. Je weiter die Göttin nach Westen kam, desto prächtiger wurde alles um sie her. Himmel, Erde und Meer schimmerten in unzähligen Farben, und als Rhea das Land der Hesperiden betrat, war sie von dessen berauschender Schönheit für einen Augenblick wie benommen. Wie glücklich mußten doch die Hesperiden sein, die Göttinnen, die über dieses Land herrschten, wie gut ging es wahrlich ihren Schwestern, da sie hier fern der tyrannischen Herrschaft des Kronos leben konnten.

Da kamen ihr die Horen schon freudestrahlend entgegen, um sie zu begrüßen.

Doch als sie sahen, daß ihre Schwester vor Angst und Sorge ganz verstört war, wurden ihre Gesichter ernst.

Rhea legte den drei Horen behutsam ihr Kind zu Füßen

und umarmte sie unter Tränen.

«Oh, ich unglückliche Mutter», schluchzte sie, «Jahr um Jahr habe ich meine Kinder verloren, ihr eigener Vater verschlang sie, weil er fürchtete, daß sie ihn eines Tages ebenso vom Thron stoßen würden, wie er es mit seinem Vater gemacht hat, dem ehedem mächtigen Uranos. Zeus verdanke ich es, daß sie nun wieder bei mir sind, er zwang den Vater, seine Geschwister wieder von sich zu geben, doch ich fürchte, ich muß sie erneut verlieren, denn Kronos ist jetzt wirklich in Gefahr, und wer weiß, was für Pläne er schmiedet, um seine Kinder ein zweites Mal aus der Welt zu schaffen. Daher bringe ich euch nun meine Tochter Hera, liebe Schwestern, der prophezeit wurde, daß sie einst die erste der Göttinnen sein wird, von Göttern und Menschen gleichermaßen verehrt. Hier in diesem fernen Land kann Kronos sie niemals finden, hier wird ihr kein Leid geschehen.»

Mit großer Freude nahmen die Horen die kleine Hera auf, und Rhea kehrte beruhigt nach Griechenland zurück.

Die drei Göttinnen umsorgten Hera liebevoll und zogen sie auf, als ob sie ihre eigene Tochter wäre. Sie spielten mit ihr und lehrten sie alles Wissenswerte über die Götter, die Natur und die Welt.

Hera wuchs heran und wurde so schön, daß die Vögel und Tiere des Waldes wie gebannt innehielten, wenn sie ihr begegneten. Die Schönheit stieg ihr aber nicht zu Kopf. Ihre größte Freude war es, sich Wissen anzueignen, denn sie wollte eine würdige Göttin werden und in der Lage sein, Göttern und Menschen zu helfen. So stellte sie den Horen unaufhörlich Fragen nach allen Dingen unter der Sonne. Die zärtlichen Pflegemütter nahmen sie auf Spaziergänge mit, ließen sie Himmel und Erde mit ihren Augen sehen und den Wechsel von Winter, Frühling und Sommer verstehen. Oft führten sie sie auch auf einen Berg, zeigten ihr die Wolken und das Meer und erklärten ihr, wie es zu Blitz, Donner und Stürmen kam. Wenn die Nacht hereinbrach, betrachteten sie mit ihr den Sternenhimmel und lehrten sie alles über die Sterne. Hera wurde es niemals müde, den Horen zuzuhören. Sie war nun in alle Geheimnisse des Himmels eingeweiht und fühlte, wie ihre göttliche Kraft wuchs. Seine lichte Weite hatte es ihr angetan, und sie dachte nicht selten in kindlicher Unschuld: «Ach, wie gern wäre ich doch die Königin des Himmels!»

Die Himmelsgöttin Iris liebte die anmutige Hera sehr. Um ihr eine Freude zu bereiten, schmückte sie oft den Himmel mit den zarten Farben des Regenbogens, so daß sich Hera an seiner Schönheit nicht satt sehen konnte. Von allen Geschöpfen, die in dem lieblichen Land der Hesperiden lebten, hatte Hera vor allem einen großen Vogel ins Herz geschlossen. Es war der Pfau, dessen Schwanzfedern sie an den Sternenhimmel erinnerten. Er wurde schon bald Heras unzertrennlicher Gefährte.

Hera und Zeus

Eines Tages saß Hera allein am Rand eines Felsens in der Nähe des Meeres. Die Horen hatten sie die Kunst gelehrt, das Wetter zu beeinflussen, und sie wollte ihre

Fähigkeit jetzt erproben. Sie machte eine sanfte Bewegung mit der Hand, eine Geste, die an einen scheuen Befehl gemahnte. Und siehe da, sofort zogen schwarze Wolken auf. Blitze zuckten über den Himmel, Donner grollte, und lebenspendender Regen benetzte die Erde. Hera freute sich über die Bestätigung, daß sie nun eine mächtige Göttin war, und ihr Gesicht strahlte vor Schönheit.

In diesem Augenblick erschien ein Adler am Himmel, der sich ihr mit weit ausgebreiteten Schwingen näherte. Auf seinem mächtigen Rücken saß ein stattlicher Jüngling. Es war Zeus, der Gott, der eines Tages Himmel und Erde beherrschen sollte.

Er stieg von dem Adler herab, trat zu Hera und sagte: «Bist du es, schöne Göttin, die dem Himmel gebietet?»

«Ja, ich bin es», erwiderte die junge Göttin bescheiden. «Die Horen lehrten mich diese Kunst. Ich liebe den Himmel, und mein sehnlichster Wunsch ist es...»

«Königin des Himmels zu werden», sagte Zeus, der ihre Gedanken erraten hatte. «Steige zu mir auf den Rücken des Adlers, ich bringe dich nach Griechenland, und wenn du willst, sollst du dort meine Frau werden.»

Es bedurfte keiner zweiten Aufforderung. Hera hatte sich bereits entschlossen, Zeus' treue und ergebene Gefährtin zu werden. Sie wußte, daß sie ihm ihre Freiheit verdankte, und kannte sein tapferes Herz. So nahm sie glücklich neben ihm auf dem Adler Platz.

Bald schon riefen sie aus der Höhe den Horen ihr Lebewohl zu. Die Göttinnen hatten alles mitangesehen, sie winkten ihrer geliebten Hera und deren Gefährten und wünschten ihnen mit Tränen in den Augen Glück.

Als letzten Tribut an das Land, in dem Hera aufgewachsen war, beschrieb der Adler einen großen Bogen über dem Reich der Hesperiden und flog dann ohne Hast, doch auf dem kürzesten Weg, nach Griechenland.

Hera war an Zeus' Seite so glücklich, daß sie es erst gewahr wurde, als sie sich bereits über Griechenland befanden. Dann schaute sie jedoch wie verzaubert auf das Land hinab, in dem sie geboren war. Sie bewunderte den Olymp, erfreute sich am Anblick des Idagebirges und erkannte Argos, Mykene und die Insel Samos aus der Höhe. Es war herrlich, das Land ihres Vaters, des großen Kronos.

Zeus erinnerte Hera jedoch an die Grausamkeit des Kronos, der ja sie und ihre Geschwister einst verschlungen hatte.

«Mit Hilfe des Titanen Okeanos und seiner Tochter konnte ich euch befreien», fügte er hinzu. Und dann erklärte er ihr, wie schlecht und gesetzlos die Herrschaft des Kronos war und daß durch sie viel Unheil über die Welt gekommen sei.

«Es ist unsere Pflicht und unsere Bestimmung, Kronos und die Titanen vom Thron der Götter zu stoßen, damit wieder Ordnung und Gerechtigkeit auf der Erde herrschen.»

Erstaunt vernahm Hera Zeus' Worte. Sie klangen so wahr in ihren Ohren, daß sie entschlossen war, alles zu tun, um ihm zu helfen. In den schweren Jahren, die nun folgten, den Jahren der furchtbaren Titanenschlacht, stand Hera an der Seite des Zeus. Sie war ihm durchaus ebenbürtig und kämpfte unter Aufbietung all ihrer Kräfte gegen Kronos und die Titanen.

Als der Sieg dann endlich errungen war, sah Hera, daß Zeus nun der allmächtige Herrscher über die Götter und die Menschen war, und ihr Herz wurde weit vor Freude. Bald würde sie mit dem Himmelsgott, dem König des Olymp, verheiratet sein, und als seine Gemahlin wäre sie die Königin des Himmels. Ihr Kindheitstraum sollte schon bald in Erfüllung gehen.

Auf dem Olymp wurden die Vorbereitungen für eine glanzvolle Hochzeit getroffen. Die Chariten kleideten Hera in Brautgewänder aus wertvollen, mit Goldfäden durchwirkten Stoffen. Sie schmückten sie mit kostbaren Ohrringen, Halsketten und Armbändern und setzten ein königliches Diadem auf ihr seidiges Haar, während Iris ein Schleiertuch brachte, das zart wie Spinnweben war und in allen Farben des Regenbogens schimmerte. Hera strahlte vor jugendlicher Schönheit und Frische und erfüllte die Unsterblichen mit Bewunderung - eine große Königin und würdige Herrin des Olymp.

Hoheitsvoll ließ sie sich an Zeus' Seite auf einem hohen, goldenen Thron nieder, und alle Götter brachten ihr kostbare Geschenke, die sie zu ihren Füßen niederlegten.

Plötzlich wuchs zur Verwunderung aller mitten im Palast ein wundervoller Baum mit goldenen Äpfeln aus dem Boden. Die Götter waren von seiner Pracht wie geblendet und erkannten bald, daß er ein Geschenk der Erdgöttin Gaia zur Hochzeit von Zeus und Hera war.

Um Hera zu erfreuen, hatten die Horen das schönste Frühlingswetter gemacht. Ein frischer Lufthauch wehte von draußen herein und brachte den Duft unzähliger Blumen mit sich.

Hera fühlte glücklich, wie die Töne einer himmlischen Musik sie ganz in ihren Bann zogen. Es war das Lied der Götter. Die Musen und Chariten und alle Unsterblichen hatten ihre Stimme erhoben, um das mächtige Paar zu preisen. Apollon spielte auf seiner Leier, Hermes blies die Doppelschalmei, und geflügelte Erosknaben begleiteten sie mit Rohrpfeifen und Flöten.

Bald schon war die Melodie nicht nur auf dem Olymp zu hören. Die Nymphen des Waldes griffen sie auf, Nereiden und Okeaniden verließen die Flüsse und Meere und stimmten mit ein. Überall auf der Erde erklang nun das Lied der Götter. Zeus und Hera traten aus dem Palast und folgten gebannt den lieblichen Tönen, die anderen Götter taten es ihnen gleich. Sie schritten auf vielfarbigen Wolken dahin und zogen als himmlischer Hochzeitszug über Gebirge und Meere, während alle Natur frühlingstrunken tanzte und sang und das göttliche Paar pries.

Strahlend vor Schönheit und Stolz schritt Hera an Zeus' Seite und genoß die Augenblicke, die sie zur obersten Herrin der Welt machten. Sie beschloß, der Welt, die doch so sehr an ihrem eigenen Glück Anteil nahm, immer von Nutzen zu sein.

Chelone geht absichtlich langsam

Während alle sich über die Hochzeit freuten, gab es doch eine törichte Nereide, die nicht zu dem großen Fest erscheinen wollte. Ihr Name war Chelone, und sie tat so, als ob sie nicht gut laufen konnte. Langsam schleppte sie sich den Weg dahin, denn sie hatte nicht die Absicht, den Olymp jemals zu erreichen. Die Hochzeit war schon längst vorüber und sie noch immer weit entfernt. Sie täuschte auch jetzt noch Eile vor, ging aber in Wirklichkeit so langsam sie nur konnte.

Als Hera davon erfuhr, wurde sie so zornig, daß sie Chelone ungeachtet ihrer Freude über den großen Tag bestrafen mußte. Sie verwandelte sie in ein Tier, das in einen harten Panzer eingeschlossen war, so daß es niemals schneller gehen konnte als auf dem Weg zur Hochzeit. Dieses Tier war die Schildkröte, die bei den Griechen Chelone heißt.

Ios Leidensweg

Hera herrschte nun auf dem Olymp und hatte wie Zeus das goldene Zepter in der Hand. Wenn sie die Paläste verlassen wollte, stieg sie in einen goldenen Wagen und ließ sich von zwei prächtigen Rossen durch die Weite des Himmels ziehen. Gemeinsam mit Zeus gebot sie über den Himmel und die Wolken, über Regen, Blitz und Sturm.

Aber auch auf der Erde hatte Hera große Macht. Als erste Göttin des Olymp war sie auch die oberste Herrin der

Sterblichen und die Schutzgöttin der Frauen. Sie gewährte
den Ehen Beistand, war selbst das Musterbild einer treuen
und ergebenen Ehefrau und wollte, daß alle Frauen ihrem
Mann in gleicher Weise verbunden wären, um das häusli-
che Glück zu erhalten. Deshalb vergab sie keiner Frau, die
ihr Gelübde nicht einhielt. Noch härter bestrafte sie jedoch
jene Frau, die es wagte, zwischen sie und Zeus zu treten.

Als daher Io, die schöne Prinzessin von Argos, die Aufmerksamkeit des Zeus auf sich lenkte, kannte Heras Zorn
keine Grenzen.

Dabei war Io nicht einmal ein Vorwurf zu machen. Denn
war nicht Zeus allmächtig, so daß ihm niemand widerste-
hen konnte? Er tat, was immer er wollte, und nahm dabei
keine Rücksicht, nicht einmal auf seine ihm so ergebene
Frau.

Hera litt mehr, als Worte auszudrücken vermögen, doch
sie konnte nichts gegen den Herrscher der Welt ausrichten.
Als Zeus Io begehrte, richtete sich daher ihr ganzer Zorn
gegen die unglückliche Königstochter.

Zeus, der wußte, was Io erwartete, versuchte, sie zu
schützen. Er verwandelte sie in eine weiße Färse, damit
Hera sie nicht finden konnte. Doch auch das war vergeblich. Sobald Hera die schneeweiße junge Kuh erblickte,
erkannte sie an ihrer Schönheit, daß es Io sein müsse, und
bat Zeus voller List, ihr das schöne Tier zu schenken.
Außerstande, seiner Gemahlin diese Gunst zu verweigern,
überließ er es ihr. Kaum war Io in ihre Hände gefallen,
führte Hera sie auf einen Hügel, band sie an einen Baum
und ließ sie dort unter der Bewachung des hundertäugigen

...Es war aber eine so süße, einschläfernde Melodie, daß sich selbst der wachsame Argos ihrem Zauber nicht entziehen konnte...

Riesen Argos zurück. Es schien keine Möglichkeit zu
geben, dem wachsamen Argos zu entkommen, denn selbst
wenn er schlief, blieben fünfzig seiner Augen offen und
schauten Io drohend an. In dieser hoffnungslosen Lage litt
Io unsägliche Qualen, und sie blickte zum Himmel empor,
als ob sie von dort Hilfe erbäte.

Zeus sah, wie unglücklich sie war, und empfand großes
Mitleid mit ihr. So rief er Hermes herbei, der immer einen
Ausweg wußte, und befahl ihm zu tun, was in seinen
Kräften stand, um sie zu befreien.

Hermes gelangte schon bald an die Stelle, wo Io von
Argos bewacht wurde. Er schenkte der Färse keinerlei
Beachtung, stellte sich freundlich und fing mit dem Riesen
ein Gespräch an. Dann holte er seine Flöte hervor und
begann zu spielen, so als ob er ihm damit eine Freude
machen wollte. Es war aber eine so süße, einschläfernde
Melodie, daß sich selbst der wachsame Argos ihrem Zauber
nicht entziehen konnte. Er fiel in einen tiefen Schlaf, und
seine hundert Augen schlossen sich eines nach dem anderen. Auf diese Weise gelang es Hermes, Io zu befreien.

Wenn nur die Leiden der Prinzessin hiermit ein Ende
gehabt hätten! Doch als Hera erfuhr, daß die weiße Färse
wieder frei war, sandte sie eine fürchterliche Bremse aus,
die so groß wie eine Fledermaus war und deren Giftstachel
unerträgliche Schmerzen verursachte. Schon der erste Stich
ließ Io in die Höhe fahren und die Flucht ergreifen, um
ihrem Peiniger zu entkommen. Doch das Insekt verfolgte
sie hartnäckig und stieß ihr den Stachel wieder und wieder
ins Fleisch. Halb wahnsinnig vor Schmerz, floh die Färse,

so schnell sie nur konnte, aber die Bremse ließ sich nicht abschütteln. So wurde die unglückliche Io von Land zu Land gejagt. In der Hoffnung, Erlösung von ihren Qualen zu finden, stürzte sie sich in das Meer, das seither das Ionische genannt wird, doch selbst in den Fluten verfolgte die Bremse ihre Beute. Io begab sich also wieder an Land und lief brüllend nach Thrakien. Von dort wandte sie sich nach Norden und durchquerte das Land der Skythen, bis sie endlich in den Kaukasus gelangte, wo der große Seher Prometheus auf Befehl des Zeus an einen Felsen geschmiedet worden war.

Die schaumbedeckte und aus vielen Wunden blutende weiße Färse hatte äußerlich nichts mehr mit der liebreizenden Prinzessin von Argos gemein, die sie einst gewesen war. Sie trat vor den angeketteten Titanen und bat ihn mit flehendem Blick:

«Großer Prometheus, der du die Geschicke der Götter und Menschen kennst, vergiß für einen Augenblick dein eigenes Los und sag mir, wo und wann meine Leiden enden werden.»

«In Ägypten», erwiderte Prometheus, «dort, wo sich der große Nil ins Meer ergießt. Viel Zeit wird noch vergehen, lange mußt du noch umherirren und große Qualen auf dich nehmen, ehe du Ägypten erreichst. Doch dort wirst du Erlösung finden und wieder in einen Menschen zurückverwandelt werden.»

Kaum hatte Prometheus diese Worte gesprochen, schrie er vor Schmerz auf. Wie an jedem Tag war der von Zeus gesandte Adler erschienen und hatte seinen Schnabel in die

Eingeweide des angeketteten Titanen gestoßen.

Rasend vor Schmerz hetzte die unglückliche Io weiter, wiederum von der unbarmherzigen Bremse verfolgt. Die Färse überquerte den schneebedeckten Kaukasus und erreichte in wildem Galopp das Land der Amazonen, das seither den Namen Ionien trägt. Dann durchschwamm sie das Meer, in dem die Gorgonen hausten, schreckliche Ungeheuer, die anstelle des Haares ein Gewirr von giftigen Schlangen auf ihrem Kopf trugen. Nur mit Mühe gelang es ihr, ihnen zu entkommen. Sie erreichte irgendwann das andere Ufer, befand sich aber nun in einem Land, dessen Himmel voller einäugiger Geier war. Sie witterten das Blut, das aus ihren offenen Wunden rann, stießen auf sie hernieder und hieben erbarmungslos mit ihren Schnäbeln auf sie ein. Auf ihrer Flucht vor den Geiern geriet Io in eine riesige Wüste, in der sie nicht einen einzigen Tropfen Wasser fand, um ihre ausgedörrten Lippen zu benetzen. Und noch immer verfolgte sie die schreckliche Bremse und stach sie mit ihrem Giftstachel.

Nach langem Umherirren erreichte Io die Berge Äthiopiens und fand die Quelle des Nils, wodurch sie neuen Mut schöpfte. In wilder Hast legte sie den langen Weg in den Norden zurück, nicht einmal jetzt ließ die Bremse auch nur für einen Augenblick von ihr ab. Endlich gelangte sie nach Ägypten und hier, am Ufer des Nils, sah sie dann Zeus selbst vor sich stehen. Ios Leiden hatten ein Ende gefunden. Zeus tötete augenblicklich die Bremse und legte seine Hand auf Ios Haupt. Durch diese Berührung wurde sie wieder in die schöne Prinzessin zurückverwandelt, die sie einst gewesen war. Zeus kehrte dann sogleich auf den Olymp zurück. Durch die bloße Berührung seiner Hand gebar Io einen Sohn, der den Namen Epaphos erhielt, was auf griechisch «Berührung» bedeutet. Epaphos war der erste König von Ägypten und der Ahnherr eines großen Heroengeschlechts. Von ihm stammte auch Herakles ab, der größte aller griechischen Heroen.

Ixions Undankbarkeit wird bestraft

Heras steter Wunsch war es, Göttern und Menschen durch ihr eigenes Beispiel vor Augen zu führen, wie sich eine musterhafte Ehefrau verhalten sollte. Ihre Rechtschaffenheit und Treue waren allgemein bekannt, daher behandelte man sie mit großer Ehrerbietung. Nun fand sich aber doch einer, der ihr nicht die nötige Achtung entgegenbrachte und sie besitzen wollte.

Es war Ixion, ein tyrannischer Herrscher bei den Lapithen. Er hatte so viele Untaten begangen, daß Götter und Menschen ihn schließlich aus seinem Land vertrieben. Auf der Flucht fand er nirgends einen Platz, wo er bleiben konnte, denn sobald er in die Nähe der Menschen kam, jagten sie ihn mit Steinen und Knüppeln davon. Und wann immer er an einem einsamen Ort Atem schöpfen wollte, erschien ein Gott und vertrieb ihn. Niemand hatte Mitleid mit dem grausamen Ixion. Schließlich gelangte er zu einem Tempel des Zeus. Blut- und schmutzverkrustet und mit zerrissenen Gewändern, war er nur mehr ein Zerrbild des ehedem großen und furchtbaren Königs der Lapithen. Da er wußte, wie bereitwillig Zeus Gastfreundschaft gewährte, betrat Ixion den Tempel ohne Furcht. Im Innern der heiligen Stätte fiel er erschöpft zu Boden, doch als er sich ein wenig erholt hatte, erhob er sich auf die Knie und rief mit emporgestreckten Armen:

«Oh Zeus, Schützer des Gastrechts, der du jeden Fremden, sei es Fürst oder Bettler, gütig aufnimmst, weise auch mich nicht ab, demütig bitte ich dich um Vergebung.»

In der Tat verweigerte Zeus niemandem seine Gastfreundschaft, und als er jetzt den ehemals so mächtigen Ixion in diesem beklagenswerten Zustand sah, dauerte dieser ihn wie nie jemand zuvor. Um ihn vor dem Zorn der Götter und der Menschen zu bewahren, erwies er ihm ein deutliches Zeichen seiner Gnade. Er nahm ihn mit auf den Olymp und ließ ihn an der Tafel der Götter unmittelbar neben der ehrwürdigen Hera Platz nehmen. Ixion aß Ambrosia und trank den Nektar der Götter, wodurch er wie sie unsterblich wurde. Dies genügte ihm aber offensichtlich nicht, er wollte auch die Gemahlin des Zeus für sich. Hera gab ihm zu verstehen, daß sie eine Göttin war, die Ehen bewahrte, und nicht eine, die sie brach, doch Ixion dachte nicht daran, von ihr abzulassen. Sein Verhalten war so eindeutig, daß seine Absichten niemandem verborgen bleiben konnten.

Zeus glaubte, seinen Augen nicht zu trauen, als er sah, wie seine Gastfreundschaft belohnt wurde. Begierig zu erfahren, wie weit Ixion in seinem Undank gehen würde, ließ er die Nymphe Nephele, eine Wolke, die Gestalt Heras annehmen. Ixion, der Nephele für Hera hielt, stillte an ihr

...Von Stund an mußte sich Ixion auf dem Rad über den Flammen drehen und in alle Ewigkeit rufen: «Wohltäter verdienen Ehre!»...

seine Lust. Das Kind, das bei dieser Vereinigung gezeugt wurde, war so ungeheuerlich wie der Akt selbst, ein Geschöpf, halb Mensch, halb Pferd, ein Kentaur. Zeus, der Ixion einst wohlgesinnt gewesen war, konnte nun dessen Undankbarkeit nicht ungestraft lassen. Deshalb rief er Hermes herbei und befahl ihm, Ixion mit Schlangen auf ein Rad zu binden und ein Feuer darunter anzuzünden.

Von Stund an mußte sich der unsterbliche Ixion auf dem Rad über den Flammen drehen und in alle Ewigkeit rufen: «Wohltäter verdienen Ehre!»

So bestrafte ihn Zeus, weil er das heilige Gesetz erwiesener Gastfreundschaft verletzt hatte.

Hebe als Mundschenk der Götter

Hera und Zeus hatten zwei Söhne, Hephaistos und Ares, und eine Tochter, die sie Hebe nannten, was auf griechisch Jugend bedeutet. Hebe war das Muster einer guten Tochter. Sie machte Pferd und Wagen für ihre Mutter bereit und wusch die Gewänder ihres Bruders Ares. Zu ihren Aufgaben gehörte auch, den Göttern Ambrosia und Nektar in goldenen Schalen und Kelchen anzubieten, was sie mit großer Freude tat.

Ambrosia war die Speise, die den Göttern Unsterblichkeit verlieh und sie vor dem Altern bewahrte. Hebe war sehr froh darüber, daß sie den Göttern auf diese Weise ewige Jugend brachte.

Alle Götter des Olymp liebten Hebe, besonders natürlich ihre Eltern. Als Herakles unsterblich wurde, ließen sie ihre

Tochter diesen berühmten Heroen heiraten.

Auch nach ihrer Hochzeit hielt die Göttin der Jugend zu Zeus und Hera, vor allem ihrer Mutter war sie immer eine Stütze. Bei den Festen, die von den Menschen zu Ehren Heras durchgeführt wurden, befand sich Hebe stets an ihrer Seite. Aus diesem Grund weilte sie oft im Heraion von Argos, dem prächtigsten Tempel ihrer Mutter. Noch lieber hielt sie sich aber im Heraion von Olympia auf. Hier maßen sich die Mädchen im Wettlauf, um Hera zu ehren. Die Siegerin wurde mit einem Zweig vom Ölbaum bekränzt und erlangte in ganz Griechenland großen Ruhm.

APHRODITE

Die Geburt der Aphrodite

An einem Frühlingsmorgen vor langer Zeit erwachten auf der Insel Zypern die Nymphen des Waldes mit dem Gefühl, daß etwas anders war als sonst. Der Tag schien kühler und klarer, und in der Luft lag ein unbeschreiblicher Duft. Selbst der Himmel dünkte ihnen blauer als bisher, die Erde grüner, die Blumen prächtiger und zahlreicher und die Vögel und Tiere übermütiger. Was war geschehen?

Schon bald sollten sie es erfahren. Aus dem Meer war eine neue Göttin aufgetaucht, die Göttin der Schönheit und der Liebe. Aphrodite hatte ihren Fuß auf die Insel gesetzt.

Wie war es dazu gekommen?

Als der mächtige Uranos von seinem Sohn Kronos
heimtückisch mit der Sichel verletzt und vom Thron gestoßen wurde, war ein kleines Stück seines Fleisches unweit
der Insel Kythera ins Meer gefallen. An jener Stelle bildete
sich eine kleine Schaumkrone, die langsam größer wurde,
bis der schneeweißen Gischt plötzlich ein Mädchen ent-
stieg, die Tochter des Uranos und des Schaumes. Aphrodite, die «Schaumgeborene», war das schönste Geschöpf, das
die Erde jemals gesehen hatte.

Beim Anblick der lieblichen Göttin rauschte das Meer
vor Freude, und die Fische schnellten aus dem Wasser, nur
um ihr Vergnügen zu bereiten. Seevögel brachten eine
Muschel in der Größe eines Wagens herbei, in der sie sich
niederließ. Mit unzähligen Flügelschlägen und ausgelassenen Schreien zogen die Vögel das Gefährt über die
Schaumkronen des Meeres nach Zypern.

Als Aphrodite die Insel betrat, freute sich alle Natur. Wo
sie ihren Fuß hinsetzte, erblühten duftende Blumen in allen
Farben. Ein Teppich von frischem Grün breitete sich vor
ihr aus, während die Vögel über ihrem Kopf fröhlich
sangen.

Die Horen und die Chariten eilten ihr sogleich entgegen
und nahmen sich ihrer an. Sie kleideten die anmutige
Göttin in ein prachtvolles Gewand, kämmten ihr glänzendes Haar und setzten ihr ein mit Veilchen bestecktes goldenes Diadem auf die Stirn. Dann legten sie ihr Schmuck an,
funkelnde Ohrringe, schimmernde Armreifen und Ringe
und ihre eigenen goldenen Ketten.

So wurde Aphrodite von den erfahrenen Händen der

Horen und der Chariten mit den herrlichsten Juwelen der Welt geschmückt.

Sie strahlte einen Zauber aus, dem sich niemand entziehen konnte. Seit sie da war, schien die Sonne heller, und die Vögel sangen lieblicher. Die wilden Tiere des Waldes warteten friedlich, bis sie vorüberkam, und umsprangen sie dann in freudiger Eintracht. Stolz schritt Aphrodite durch die jubelnde Natur und genoß die Macht, die ihr Anmut und Schönheit verliehen. Einstweilen hatten die anderen Götter sie noch nicht zu Gesicht bekommen, doch schon bald setzten sie die Horen und die Chariten auf eine Wolke und brachten sie zum Olymp.

Alle waren von ihrer Schönheit überwältigt. Die Götter hatten sogleich erkannt, wer da vor ihnen stand, und beeilten sich, sie zu begrüßen und ihr die Hand zu reichen. Aphrodite war unwiderstehlich. Jeder wollte mit ihr sprechen und in ihrer berückenden Nähe sein. Ihr göttliches Gesicht glühte vor Glück, ihre Worte waren bald von einem zauberhaften Lächeln, bald von einer anmutigen Geste, bald von einem betörenden Blick begleitet, so daß sie ihre Zuhörer ganz in ihrem Bann hielt.

Aphrodite war die Königin ewiger Schönheit und besaß als Göttin der Liebe große Macht über die Herzen der Menschen.

Ihr Sohn, der kleine geflügelte Eros, hatte einen Bogen und Pfeile, die nie ihr Ziel verfehlten. Mit seiner Hilfe teilte sie den Menschen Freude und Leid, Glück, aber auch bittere Enttäuschung zu. Auch die Götter selbst bekamen die Pfeile des Eros oft zu spüren, denn weder Gott noch

Mensch konnte sich der Macht der zypriotischen Göttin,
der Kypris, wie sie manchmal genannt wurde, erwehren.

Aphrodite beschützte alle, die wahrhaft liebten. Von
den Geschöpfen der Natur hatte sie vor allem die Tauben in
ihr Herz geschlossen, denn diese Vögel suchen sich einen
Gefährten, kaum daß sie geboren sind, und ihre Liebe
dauert bis in den Tod.

Ktesylla und Hermochares

Als Göttin der Liebe bewahrte sie die Ehen und forderte,
daß alle vor der Hochzeit gegebenen Versprechen eingehalten wurden. Wehe dem, der seine Beteuerungen vergaß,
die Strafe Aphrodites war ihm gewiß. So traf ihr Zorn auch
Alkidamos, und dies ist seine Geschichte:

Während einer religiösen Festlichkeit sah der junge
Athener Hermochares Ktesylla, die schöne Tochter des
Alkidamos, und verliebte sich in sie auf den ersten Blick.
Er nahm einen Apfel, das Symbol großer Liebe, ritzte
einige Worte in ihn und warf ihn Ktesylla zu.

Das schöne Mädchen hob den Apfel auf und las die In-
schrift, wie es Brauch war, laut vor. Der junge Mann
schwor bei der Göttin Aphrodite, daß er Ktesylla zur Frau
nehmen würde.

Ktesylla brachte dieser Vorfall in große Verlegenheit.
Sie warf den Apfel zurück und verließ eilends das Fest.

Heftig verliebt, begab sich Hermochares zu dem Vater
des Mädchens und hielt um ihre Hand an. Alkidamos sah,
daß der Jüngling mit lauteren Absichten zu ihm gekommen

war, und da er ihm tüchtig erschien, gab er sein Einverständnis. Froh kehrte Hermochares nach Hause zurück und erzählte seinen Eltern, was vorgefallen war, woraufhin sie sein Glück teilten.

Am meisten aber freute sich Ktesylla, denn ihr war nicht verborgen geblieben, daß Hermochares ein aufrichtiger, ernsthafter junger Mann war, der ihre Liebe durchaus verdiente.

Doch die Geschichte nahm kein gutes Ende. Bereits nach kurzer Zeit löste Alkidamos das Verlöbnis seiner Tochter, ohne die Beteiligten zu fragen, weil ein anderer Jüngling aus reicher Familie sie zur Frau begehrte.

Als Hermochares davon erfuhr, lief er sofort zu seiner Liebsten, konnte sie aber nirgends finden. Er durchsuchte die ganze Stadt, bis er erschöpft den Wald erreichte, wo er mit Einbruch der Dunkelheit in einem Tempel Zuflucht suchte. Wie erstaunt war er, als er in dessen Innern Ktesylla erblickte! Verzweifelt über die plötzliche Entscheidung des Vaters, war sie hierher gekommen, um die Hilfe der Götter zu erflehen.

«Ktesylla!» Kaum hörte das Mädchen hinter sich Hermochares' Stimme, als sie einander bereits mit Tränen in den Augen in den Armen lagen. Ktesylla wurde bewußt, daß ihre Liebe zu Hermochares wichtiger war als alles andere auf der Welt und daß sie ohne ihn nicht leben konnte. Sie schwor, ihr Leben lang seine treue Gefährtin zu sein, und dies war auch Aphrodites Wille.

Es gab für sie jetzt nur einen Weg, sie mußte ihr Vaterhaus heimlich verlassen. Nachdem sie ihre Amme, die sie wie eine eigene Tochter liebte, in ihre Pläne eingeweiht hatte, erklärte sich diese bereit, ihr zu helfen. So floh Ktesylla eines Nachts aus dem Haus ihres Vaters, und schon am folgenden Tage heiratete sie Hermochares.

Außer sich vor Zorn schlug Alkidamos auf alles ein, was ihm in den Weg kam, wobei er laut verkündete, daß er beide töten werde. Er machte sich auf den Weg und suchte die ganze Gegend nach den Jungvermählten ab, doch umsonst.

Nach geraumer Zeit erhielt er Nachricht, daß seine Tochter ihr erstes Kind geboren habe.

Das freudige Ereignis besänftigte Alkidamos. Gefühle väterlicher Liebe wallten in seinem Herzen auf, und er wurde wieder froh. Nun konnte er es kaum mehr erwarten, seine Tochter und sein Enkelkind zu sehen.

Doch sein Glück sollte nur von kurzer Dauer sein. Schwere Verfehlungen ziehen oft Unheil nach sich. Durch einen zweiten Boten erfuhr Alkidamos vom Tod seiner Tochter ...

Alkidamos hatte beim heiligen Lorbeer geschworen, daß er Ktesylla Hermochares zur Frau geben würde, und für die Verletzung dieses Eides wurde er mit dem Tod seiner Tochter bestraft.

Aphrodite hatte jedoch Mitleid mit der jungen Mutter, die für das schlechte Verhalten ihres Vaters einen so hohen Preis zahlen mußte.

Als man Ktesylla zu Grabe trug, flog ein weißer Vogel aus ihrem Sarg, woraufhin man diesen öffnete und ihn leer fand. Die Göttin Aphrodite hatte Ktesylla in eine Taube verwandelt.

Jede Nacht, wenn Hermochares mit seinem Kind in tiefem Schlaf lag, flatterte nun über Ktesyllas Haus eine weiße Taube in der Dunkelheit...

Pygmalion erschafft Galateia

Während jedoch Aphrodite all jene bestrafte, die gegen die Gesetze der Götter verstießen, versäumte sie es andererseits auch nicht, diejenigen zu belohnen, die den Unsterblichen die gebührende Ehrerbietung entgegenbrachten. Sie erhörte ihre Bitten und machte sie glücklich, wie es die folgende Geschichte erzählt.

Auf Zypern lebte einmal ein bedeutender Bildhauer mit Namen Pygmalion. Sein sehnlichster Wunsch war es, zu heiraten und eine Familie zu gründen, doch konnte er keine Frau finden, die seinen Vorstellungen entsprach. Pygmalion war ein großer Künstler und ein wohlhabender, hübscher Jüngling, sein Ruf war daher weit über die Grenzen Zyperns und Griechenlands hinausgedrungen. Angesehene Brautwerber brachten Frauen aus der ganzen Welt zu ihm, liebliche Mädchen aus Zypern, reiche junge Damen aus Athen, Prinzessinnen aus Mykene und hübsche junge Frauen aus Kreta und Sizilien. Andere wiederum stellten ihm wunderschöne, goldgeschmückte Jungfrauen aus Ägypten, Phönikien und Babylon vor, ja sogar aus noch weiter entfernten Ländern wie Skythien und, wie manche sagten, selbst aus dem Land der Hesperiden.

Doch keine von ihnen gefiel Pygmalion, denn er suchte

eine Frau, deren Schönheit in Einfachheit und Tugend
begründet lag.

Schließlich gab er alle Hoffnungen auf, jemals die Frau
zu finden, die er begehrte. Er schloß sich in seine Werkstatt
ein und flüchtete sich in die Arbeit. Aus einem weißen
Marmorblock meißelte er die Formen eines Mädchens
heraus, wie er es sich vorstellte. So entstand eine Statue der
Frau seiner Träume.

Sie war von unbeschreiblicher Schönheit, einer Schönheit, die darin bestand, daß von ihrem Blick, ihrer Haltung,
ja ihrem ganzen Wesen eine große Natürlichkeit und
Tugendhaftigkeit ausgingen.

Pygmalion hatte sein ganzes Können in dieses Werk
gelegt und mit solcher Leidenschaft gearbeitet, daß es
schien, als ob das anmutige Mädchen jeden Moment
lebendig würde und zu sprechen begänne.

Der große Künstler liebte die Statue so sehr, daß er bald
nichts anderes mehr tat, als sie voller Bewunderung anzuschauen. Und immer fand er dann noch etwas zu verändern,
damit ihre Schönheit noch vollkommener würde.

«Eine Frau wie diese habe ich mir gewünscht», sagte er
immer wieder, «doch es scheint, als ob es auf Erden ihresgleichen nicht gäbe.»

Als die Zeit herankam, wo Festlichkeiten zu Ehren
Aphrodites stattfanden, beschloß Pygmalion, der Göttin
eine weiße junge Kuh zu opfern.

Vor ihrem Altar sprach er: «Große Aphrodite, Göttin der
Schönheit und der Liebe, du vermagst, was kein Sterblicher
vermag. Schick mir ein Mädchen, das mir gefällt, eines, das

der Statue in meiner Werkstatt ähnelt.»

Im gleichen Augenblick schoß eine Flamme aus dem Altarfeuer empor, und Pygmalion wußte, daß die Göttin seine Bitte erhört hatte.

Froh kehrte er nach Hause zurück, doch welch ein Anblick bot sich ihm da!

Alles war aufgeräumt, und im Kessel über dem Herdfeuer kochte ein Essen. Pygmalion ging sogleich in den Raum, in dem die Statue stand, und sah zu seiner Überraschung, daß sie lebte und zu ihm sprach:

«Pygmalion, ich bin das Geschenk der Göttin für dich, ich bin deine Frau.»

Da nahm Pygmalion das Mädchen, das er selbst geschaffen hatte, in seine Arme. Sie war warm, weich und voller Zärtlichkeit. Und da ihre Haut so weiß war wie Milch, nannte er sie Galatea nach dem griechischen Wort für Milch.

Pygmalion und Galatea bekamen eine Tochter, die sie Paphos nannten. Diesen Namen trägt seit jener Zeit die Stadt Paphos auf Zypern.

Narziß und Echo

So wohlgesinnt Aphrodite denjenigen war, die sie ehrten, so unnachsichtig verhielt sie sich jenen gegenüber, die sie mißachteten oder ihre Macht gar verleugneten. Auch der schöne Jüngling Narziß wurde für dieses Vergehen hart bestraft.

Narziß war ein junger Mann, der so von sich eingenommen war, daß er glaubte, auf der ganzen Welt gäbe es nicht seinesgleichen. Unter Göttern und Menschen war er der einzige, in dessen Herzen die Pfeile von Aphrodites Sohn keine Liebe erwecken konnten. Narziß hielt sich dies zugute und behandelte die Göttin mit Geringschätzung. Er glaubte, daß er sie nicht brauchte, und zwar aus dem einfachen Grund, weil er nur sich selbst liebte und nichts sonst.

Und doch kam der Tag, an dem Aphrodites Pfeile Narziß in seinem tiefsten Inneren trafen... Doch beginnen wir die Geschichte an ihrem Anfang.

Narziß, der Sohn des Flußgottes Kephisos, war so schön, daß ihm bei seinen Spaziergängen im Wald das Herz jeder Nymphe zuflog, die seinen Weg kreuzte. Er war stolz darauf, daß er so eine Wirkung auf andere hatte, und wollte, während er doch selbst niemals liebte, daß alle seinem Zauber verfielen. Bei jeder neuen Eroberung schwoll ihm die Brust vor Genugtuung und Stolz.

Dies waren auch seine Gefühle, als er bemerkte, daß sich die Nymphe Echo in ihn verliebt hatte. Allzu bald wies er sie jedoch in seiner grausamen und selbstgefälligen Art zurück.

Echo war eine anmutige Nymphe, die aber nicht sprechen konnte, sondern nur immer die letzten Silben dessen wiederholte, was sie gerade gehört hatte.

Sie sah Narziß zum ersten Mal, als dieser wie gewöhnlich im Wald spazierenging, wobei er oft innehielt, um seinen Gang und die Eleganz seiner Körperhaltung zu bewundern.

Noch nie hatte Echo einen so schönen und stolzen Jüngling gesehen. Sie schämte sich, ihm entgegenzutreten, und verbarg sich deshalb rasch hinter einem Gebüsch.

Narziß hatte etwas gehört und rief in barschem Ton:

«Wer versteckt sich hier, frage ich!»

«...ich.» tönte die erschrockene Stimme der Nymphe zurück.

«Wo bist du? Bist du hier?» fragte der junge Mann mit sanfterer Stimme.

«...hier.» echote es erneut.

Narziß konnte aber niemanden entdecken. «Komm heraus», rief er, «ich möchte dich sehen.»

«...dich sehen.» wiederholte die gleiche Stimme erfreut. Strahlend vor Schönheit trat Echo hervor und lief auf den jungen Mann zu.

Doch weder ihre Anmut noch die Liebe zu ihm, die aus ihren Augen leuchtete, konnten das Herz des Narziß rühren. Er war viel zu sehr mit sich selbst beschäftigt, und die Gewißheit seiner Eroberung war ihm genug.

«Geh mir aus dem Weg!» rief er. «Glaubst du, ich bin für deinesgleichen, du dummes Ding?»

«...dummes Ding.» wiederholte Echo und lief davon. Vor Scham und Enttäuschung kamen ihr die Tränen.

Diesen Vorfall konnte Aphrodite als Göttin der Liebe nicht ungeahndet lassen. Für seine Herzlosigkeit strafte sie Narziß auf folgende Weise:

Als er eines Tages im Wald spazierenging, wurde er durstig. Nach längerer Suche stieß er auf einen kleinen Waldsee mit kristallklarem Wasser. Er lag so geschützt, daß seine Oberfläche von keinem Windhauch bewegt wurde und daher alle Dinge der Umgebung wie in einem Spiegel wiedergab.

Narziß beugte sich über den See, um zu trinken, da erblickte er im Wasser sein eigenes Gesicht. In diesem Augenblick traf ihn ein Pfeil des geflügelten Eros mitten ins Herz.

Ohne zu wissen, daß er sich selbst im Spiegel des Sees sah, fühlte Narziß eine grenzenlose Liebe zu dem unbekannten Gesicht. In seinem ganzen Leben war ihm niemals ein schöneres Antlitz begegnet. Eros war den Weisungen seiner Mutter wohl gefolgt, und der Jüngling, der zum ersten Male wahre Liebe empfand, war, ohne es zu ahnen, nunmehr ganz von sich selbst verzaubert.

Narziß konnte sich an seinem Spiegelbild nicht satt sehen. Irgendwann streckte er die Arme nach der Gestalt im See aus und sah, daß sie das gleiche tat. Daraufhin beugte er sich nieder, um sie zu küssen, doch kaum berührten seine Lippen die Oberfläche des Sees, zerfloß das Bild. Als der Wasserspiegel wieder zur Ruhe kam, erschien das schöne Antlitz erneut, und Narziß neigte abermals voller Freude den Oberkörper nach vorn, um es zu küssen. Der Vorgang wiederholte sich. Wieder und wieder wurde er enttäuscht, bis ihn zuletzt tiefe Verzweiflung überkam. Er ging nicht mehr vom Wasser weg, vergaß Essen und Schlaf und dachte einzig und allein an die unerreichbare Gestalt im See. Tage und Nächte vergingen auf diese Weise, und Narziß wurde immer schwächer. Dennoch dachte er keinen Moment lang daran, das Ufer zu verlassen.

... In seinem ganzen Leben war ihm niemals ein schöneres
Antlitz begegnet...

Als er das geliebte Bild lange genug angesehen hatte, kam ihm schließlich die Einsicht, wen er vor sich hatte, und er rief verzweifelt aus:

«Wehe mir! Die Gestalt, die ich im Wasser erblicke, ist mein eigenes Spiegelbild, und ich werde sie nie berühren können!»

Doch selbst jetzt, da er die Wahrheit erkannt hatte, konnte er nicht die Kraft aufbringen fortzugehen, denn sein Abbild im See hielt ihn tiefer denn je in seinem Bann.

Narziß blieb an dem Ufer, aß nicht und schlief nicht und konnte an nichts anderes mehr denken als an seine eigene Gestalt. An der gleichen Stelle starb er dann auch, und sein bleiches Gesicht spiegelte sich im ruhigen Wasser des Sees.

So wurde Narziß bestraft, dessen Schicksal es war, niemanden als sich selbst zu lieben...

Alle Nymphen des Waldes beweinten den schönen Jüngling, am meisten von allen aber trauerte Echo. Sie saß bei dem Toten und weinte, bis es Nacht wurde und der Schlaf sie überkam. Als sie am nächsten Morgen erwachte, war Narziß nicht mehr da. Nur eine duftende Blume stand an der Stelle, wo er gelegen hatte. Es war die Narzisse, die Blume des Todes.

Echo streifte traurig durch den Wald, bis auch sie vor Kummer starb. Nur ihre Stimme ließ sie zurück. Wer in den Wald geht und laut ruft, kann sie bis auf den heutigen Tag vernehmen. Sie wird dem Rufenden immer mit seinem letzten Wort antworten.

Aphrodite und Adonis

Doch nun war die Zeit gekommen, da Aphrodite selbst die Bitternis des Todes erfahren mußte. Wie Echo Narziß verloren hatte, sollte sie ihren Geliebten Adonis verlieren.

Adonis, der Sohn des Kinyras, des Königs von Zypern, wurde an einem Frühlingstag aus dem Stamm einer Myrte geboren, der plötzlich aufsprang und ihn freigab. Es wird berichtet, daß diese Myrte in Wirklichkeit Smyrna, die Königin Zyperns, gewesen sei, die von den Göttern zur Strafe für eine Freveltat in einen Baum verwandelt worden war.

Von den Nymphen gehegt, wuchs Adonis im Wald zu einem hübschen Jüngling heran. Tatsächlich glaubten viele, daß er an Schönheit selbst den goldlockigen Apollon übertraf.

Adonis war so wohlgestaltet, daß die Göttinnen Aphrodite und Persephone darum stritten, welcher von ihnen er gehören sollte. Schließlich gewann Aphrodite die Oberhand. Sie lief nun glücklich mit Adonis durch die Wälder, und beide genossen ihr Leben unter den goldenen Strahlen der Sonne.

Nun passiert es nicht selten, daß jemand sein Herz verliert, doch die Liebe der Liebesgöttin selbst war mit keiner anderen auf der Welt zu vergleichen. Um Adonis willen verließ sie den Olymp und lebte auf Zypern, um in seiner Nähe zu sein. Weder durch Hitze noch durch Kälte oder Sturm war sie abzuschrecken.

Adonis liebte die Jagd über alles, und Aphrodite leistete

ihm oft bei dieser Beschäftigung Gesellschaft. Gemeinsam
erlegten sie Hirsche, Hasen oder wilde Ziegen. Die Göttin
warnte aber ihren Geliebten davor, Jagd auf Bären, Wildschweine oder Wölfe zu machen, da sie fürchtete, es könne
ihm ein Unglück geschehen.

Eines Tages jedoch war Aphrodite nicht da, und Adonis
sah einen riesigen wilden Eber. Die Warnung der Göttin
war vergessen, und er schlich sich leise an das Tier heran,
um es zu töten.

Doch wehe! Als er eben anlegte, stürzte sich der Eber
auf ihn und spießte ihn auf seine Hauer.

Aphrodite spürte, daß ihrem Geliebten ein Unheil drohte, und eilte zu ihm. Sie suchte den Wald nach ihm ab,
wobei sie in ihrer Aufregung gar nicht bemerkte, daß sie
ihre Sandalen verloren hatte und ihre Füße schon bluteten.
Als sie Adonis endlich fand, tat er in ihren Armen seinen
letzten Atemzug...

Vor Schmerz wie von Sinnen, stürzte sich Aphrodite
über seinen toten Körper. Ihr Kummer war so groß, daß es
ihr fast das Herz zerriß.

Einsam und verlassen lief sie dann durch den Wald und
beklagte das grausame Geschick des Geliebten. Überall, wo
die Tränen der Göttin auf den Erdboden fielen, erblühten
Anemonen. Und von den Blutstropfen, die aus den Wunden
an ihren Füßen rannen, bekamen die Rosen, die bis zu
diesem Zeitpunkt weiß gewesen waren, ihre rote Farbe.

Aphrodites tiefer Schmerz über den Tod des edlen Jünglings erweckte das Mitleid aller Götter des Olymp, vor
allem das des Zeus, des Herrschers über Götter und Men-

schen.

Daher befahl er seinem Bruder Hades, Adonis sechs Monate eines jeden Jahres auf die Erde zurückkehren zu lassen.

Und so geschah es dann auch. Adonis kehrt bis heute jedes Jahr auf die Erde zurück und wird von der Göttin, die ihn liebt, in einem Wald auf Zypern empfangen. Alle Natur teilt dann die Freude Aphrodites und schmückt sich wie zu einem Fest. Die Vögel preisen mit ihrem frohen Gesang Adonis' Rückkehr und die Ankunft des Frühlings. Doch wenn die Zeit naht, da Adonis in die Unterwelt zurückkehren muß, gibt ihm Aphrodite schweren Herzens einen letzten Kuß, und mit ihr trauert die ganze Welt. Der Himmel bedeckt sich mit dunklen Wolken, weil Adonis gegangen ist und der Herbst und der Winter bevorstehen.

Doch er wird zurückkehren und mit ihm der Frühling, die Blumen und die Freude. Und im April werden die Menschen wieder ihre frohen Feste feiern, mit denen sie Adonis, Aphrodite und dem blühenden Frühling huldigen, während sich irgendwo in den Wäldern das göttliche Paar seiner Liebe erfreut.

PHOIBOS APOLLON

Die Geburt des Apollon

Die Kykladeninsel Delos befand sich nicht immer an ihrem heutigen Platz in der Ägäis, sondern trieb als schwimmendes Eiland unablässig auf den Meeren und Ozeanen dahin.

So wäre es wohl für alle Zeiten geblieben, wenn nicht eines Tages die Göttin Leto ihren Fuß auf die Insel gesetzt hätte. Sie trug Apollon und Artemis, die Kinder des Zeus, unter ihrem Herzen und suchte nach einem Ort für die Niederkunft.

«Oh Insel», rief die Göttin, auf deren Gesicht sich Angst

und Sorge spiegelten, «die du seit undenklichen Zeiten über die Meere treibst, biete mir Zuflucht und laß mich meine Kinder auf deinem Boden zur Welt bringen. Ich bin von dem gräßlichen Ungeheuer Python, das die rachsüchtige Hera auf mich gehetzt hat, über die ganze Erde gejagt worden, war in Attika, in Thrakien, auf Lesbos, Chios - kurz, überall. Nirgends will man mich gebären lassen. Alle fürchten den schrecklichen Python und Heras Zorn. Nimm mich auf, Insel, du allein weißt, was endloses Umherirren bedeutet, und ich verspreche dir, daß Apollon, der Sohn, den ich zur Welt bringen werde, einen herrlichen Tempel auf deinem Boden errichten und deinen Namen berühmt machen wird.»

Kaum hatte Leto diese Worte über die Lippen gebracht, als ein heftiges Beben die ganze Insel erschütterte. Zwei riesige Felssäulen erhoben sich aus dem Meeresboden und stützten das Eiland von unten, so daß es an der Stelle verankert wurde, wo es sich noch heute befindet. Auf diese Weise wurde Leto von Delos empfangen.

Sogleich eilten viele Göttinnen herbei, um Leto bei der Geburt zur Seite zu stehen. Neun Tage und neun Nächte lag sie in den Wehen, und als sie dann endlich in der zehnten Nacht ihre beiden Kinder gebar, wurde die Dunkelheit zum hellen Tag. Die Sonne erschien in voller Pracht am Himmel und ließ die Insel in ihrem goldenen Glanz erstrahlen. Es konnte wahrlich nicht anders sein, denn der Gott des Lichtes, der goldlockige Apollon, war geboren worden. Mit ihm zusammen hatte die strenge Artemis, die Göttin der mondhellen Nächte, das Licht der Welt erblickt.

Noch waren keine vier Tage vergangen, und Apollon war bereits ein gewandter Knabe mit göttlichen Kräften. Als Hephaistos ihm einen silbernen Bogen und goldene Pfeile schenkte, die niemals ihr Ziel verfehlten, da beschloß er, Python zu töten, jenes Ungeheuer, das seine Mutter so unbarmherzig verfolgt hatte.

Ohne lange zu zögern, flog der Gott auf den Parnaß, wo sich der Schlupfwinkel des Drachen befand. Bis zu jenem Zeitpunkt hatte noch niemand den Mut gehabt, Python entgegenzutreten, obwohl das widerwärtige Untier allen das Verderben brachte. Wo es gekrochen war, verfaulte die Erde und alles, was auf ihr wuchs, Verwesungsgeruch breitete sich aus, und die Menschen, die seine abscheuliche Gestalt erblickten, mußten sterben.

Kaum hatte der furchtbare Drache bemerkt, daß jemand es wagte, ihn zum Kampf herauszufordern, kam er schon aus seiner dunklen Höhle, und sein riesiger Schlangenleib glitt auf der Suche nach dem Feind über die Felsen dahin. Als er den Sohn der Leto vor sich stehen sah, wurde Python rasend vor Zorn. Geifer troff ihm aus dem Maul, er richtete sich hoch auf, bereit zuzustoßen und sein Gegenüber in Stücke zu zerreißen.

Schneller noch als der Blitz schoß Apollon einen einzigen Pfeil auf das Ungeheuer ab und traf es gerade zwischen die Augen.

Ein fürchterliches Gebrüll hallte in den Gebirgsschluchten wider. Zu Tode getroffen, warf sich Python gegen die felsigen Hänge des Parnaß, sein gewaltiger Leib rollte sich bald zusammen, bald streckte er sich in voller Länge aus.

Dann richtete er sich plötzlich riesig und drohend auf, aber nicht mehr, um zuzustoßen, sondern um mit einem grauenvollen, dumpfen Laut in sich zusammenzufallen, wobei das ganze Gebirge erbebte. Python war tot.

Voller Siegesfreude nahm Apollon seine geliebte goldene Leier und begann, ein Jubellied zu singen. Er durchlebte seinen großen Triumph erneut, in einem Gesang, so wunderbar, wie es die Welt noch nie zuvor erlebt hatte. Worte und Melodie ließen den Gegensatz zwischen wildem Kampf und Frieden, zwischen Zerstörung und Schöpfung, zwischen Tod und Leben, lebendig werden. Es war ein Gesang von überwältigender Schönheit und Macht, der die ganze Natur in seinen Bann zog, die Menschen, die so sehr unter Python gelitten hatten, vor Ergriffenheit erschauern ließ und ihnen Tränen des Glücks in die Augen trieb.

Als Apollon geendet hatte, erhob sich von allen Seiten tosender Lärm. Es waren die Hochrufe und der Jubel der Menschen und aller Natur, ihr Beifall für diese Siegeshymne. Zu Recht ist Apollon seither auch der Gott der Musik.

Er begrub Python an den Hängen des Parnaß und errichtete über seinem Grab einen Tempel und ein Orakel, das Orakel von Delphi, das den Menschen die Beschlüsse von Apollons Vater Zeus kundtat.

Bei den Herden des Admetos

Wenngleich ein Ungeheuer, war Python doch ein Kind von Mutter Erde, und Apollon wurde zum Mörder, als er ihn tötete. Da seine Bestimmung auch darin bestand,

Mörder, die aufrichtig bereuten, von ihren Untaten reinzu-
waschen, so mußte er natürlich vor allem selbst seine
Schuld sühnen. Er beschloß also, seine Tat abzubüßen,
obwohl sie ja eigentlich ein Segen für Götter und Menschen gewesen war. Aus diesem Grund verleugnete er sein
göttliches Wesen und ging nach Thessalien, wo er sich bei
König Admetos von Pherai als einfacher Hirte verdingte.
Er hütete die königlichen Herden, und niemand, nicht
einmal Admetos selbst, kam auf den Gedanken, daß der
junge Hirte Phoibos Apollon, der Gott des Lichtes, war.

Es geschahen indessen seltsame Dinge, wenn Apollon
die Herden seines Herrn zur Weide trieb. Nahm der Gott
die Leier und ließ seine Finger über ihre Saiten gleiten,
waren die wilden Tiere wie verzaubert. Sie kamen aus dem
Wald und umsprangen ihn in friedlicher Eintracht mit den
Schafen und Kühen seiner Herde.

Im Palast des Admetos hielten mit der Ankunft des Gottes Reichtum und Glück Einzug. Die Herden des Königs
vergrößerten sich, seine Speicher füllten sich mit Getreide-
säcken, und die großen, bauchigen Vorratsgefäße konnten
kaum fassen, was an Öl und Wein, Oliven und Butter
gewonnen wurde. Wände und Dachbalken bogen sich unter
der Last praller Beutel mit Käse und anderen Vorräten, und
alles war von auserlesener Güte.

Der junge, hübsche Admetos genoß dieses Leben im
Überfluß. Wenn er auf seinem weißen Hengst ausritt, ließ
er den Blick zufrieden über die Herden schweifen. Prächtige, starke Pferde galoppierten über die weite Ebene, kräftige Ochsen zogen den Pflug, der sich tief in den fruchtbaren

Boden grub.

So mancher Herrscher hätte Admetos jetzt mit Freuden als Schwiegersohn begrüßt, doch dieser liebte allein Alkestis, die schöne Königstochter aus dem benachbarten Iolkos.

Ihr Vater, König Pelias, hatte allerdings nicht die Absicht, seine Tochter zu verheiraten, er wollte sie bei sich behalten, damit sie im Alter für ihn sorge. Da er dies aber nicht zugeben wollte, erklärte er, daß er sie allein demjenigen zur Frau geben werde, der es fertigbrächte, einen Löwen und einen wilden Eber vor seinen Wagen zu spannen.

Wie hätte jemand zwei so wilde Tiere zusammenzwingen können, wo es doch bis dahin niemand gewagt hatte, auch nur eines von ihnen allein vor einen Wagen zu spannen?

Doch Admetos machte seine Liebe zu Alkestis so verwegen, daß er selbst zu diesem schier unmöglichen Unterfangen bereit war.

Als Apollon von seinem wagemutigen Entschluß hörte, beschloß er, ihm zu helfen, denn die Gefahr, daß der kühne Jüngling in Stücke gerissen wurde, war gar zu groß. So verlieh er ihm die Kraft, die er benötigte, um sein Ziel zu erreichen.

Mit Apollons Hilfe gelang dem unerschrockenen Admetos das Unmögliche. Er spannte einen Löwen und einen wilden Eber vor seinen Wagen, wie es Pelias gefordert hatte, und ließ sich von ihnen in rasender Fahrt nach Iolkos ziehen.

Pelias war voller Bewunderung für die unglaubliche Tat des jungen Mannes und gab ihm bereitwillig seine Tochter. Alkestis stieg zu Admetos in den Wagen, und dieser brachte sie im Triumph in seinen Palast, wo eine überaus prächtige Hochzeit gefeiert wurde.

Neun Jahre mußte der Gott des Lichtes bei Admetos bleiben, und als das neunte Jahr zu Ende ging, kehrte er endlich frei von jeder Schuld nach Delphi zurück. Seither war Apollon auch der edle Gott der Vergebung und gewährte jedem Menschen seinen Schutz, der aufrichtige Reue zeigte.

Das Land jenseits des Nordens

Apollon hielt sich gern in Delphi auf, wo er nun ein prächtiges Heiligtum und das Orakel besaß. Doch vergaß er darüber weder Delos, seine Geburtsstätte, noch das Versprechen, das seine Mutter Leto dort vor ihrer Niederkunft gegeben hatte. Daher dauerte es nicht lange, bis auch auf Delos ein Apollontempel erbaut wurde, der unter den Kultstätten der Insel einen besonderen Platz einnahm.

Es gab jedoch auch Zeiten, wo der Gott Griechenland verließ, um in das helle Land der Hyperboreer, der «jenseits des Nordwindes Wohnenden» zu ziehen, in dem seine Mutter lebte.

Es war eine lange, aber abwechslungsreiche Reise in jenes sagenhafte Land. Apollon bestieg einen geflügelten Wagen, den zwei große, schneeweiße Schwäne hoch über den Wolken dahinzogen. Bald schon hatten sie Griechen-

land weit hinter sich gelassen. Wie er so in Richtung
Norden fuhr, sah der Gott des Lichtes aus der Höhe den
ersten Schnee. Er bedeckte bisweilen nur die obersten
Gipfel der Berge, und es sah aus der Ferne so aus, als ob sie
helle Kappen trügen. Dann veränderte sich allmählich die
Landschaft unter ihm, wurde weißer und weißer, bis alles
wie mit einem helleuchtenden Tuch bedeckt schien. Doch
über den Wolken war das Wetter mild, und die Schwäne
zogen das göttliche Gefährt schnell und unermüdlich voran.

Nach einiger Zeit brach die Schneedecke wieder auf,
und weit jenseits des Nordens drangen schließlich goldene
Sonnenstrahlen durch die Wolken und ließen ein zauber-
haftes Land in ihrem Licht erstrahlen.

Das war das Land der Hyperboreer, das Land jenseits
des Nordwindes. Hier herrschte ewiger Sonnenschein, alles
war Farbe und Licht. Es gab kristallklare Gewässer und
Paradiesvögel, die auf lieblichste Art und Weise sangen.
Kaum hatte der goldlockige Gott seinen Fuß auf das grüne
Gras gesetzt, flogen unzählige Vögel auf und schwirrten
zwischen den Bäumen umher. Sie sangen so wunderschön,
daß es schien, als ob sie die himmlischen Töne, die Apollon
den Saiten seiner Leier entlockte, noch übertreffen wollten.

Zur gleichen Zeit verfinsterten im fernen Griechenland
schwarze Wolken den Himmel. Es war kalt und regnerisch,
denn der Gott des Lichtes war fort, und die dunkle Jahreszeit begann. Die Menschen rückten näher an ihr Feuer
heran und warteten geduldig auf Apollons Rückkehr und
das Ende des Winters. War er dann endlich wieder da,
vertrieb er mit seinen goldenen Strahlen die Finsternis und

brachte den Menschen den frischen, strahlenden Frühling. Und sie feierten Feste zu Ehren des Gottes und sangen Lieder von der Sonne, dem Licht und den Freuden des Lebens.

Apollon und Daphne

Apollon liebte die schönen Seiten des Lebens. Als er sich eines Tages in Delphi im Bogenschießen übte, tauchte plötzlich der junge Eros, der geflügelte Sohn der Göttin Aphrodite, vor ihm auf, und es schien, als ob er nach einer Gelegenheit Ausschau hielt, den Gott in ein Abenteuer zu verwickeln.

Apollons Pfeil hatte gerade einen Apfel durchbohrt, der an einem weit entfernten Zweig hing. Eros wollte es ihm gleichtun, er spannte seinen Bogen und zielte auf dieselbe Frucht.

«Geh fort, Kind, und laß mich in Ruhe meine goldenen Pfeile verschießen», sagte Apollon gereizt, «du tätest gut daran, nicht dein Können mit dem meinen messen zu wollen».

«Ich weiß, daß deine Pfeile niemals fehlen, aber auch meine treffen ins Ziel», erwiderte Eros noch verärgerter als Apollon. Mit diesen Worten breitete er seine Flügel aus und flog auf die Hänge des Parnaß. Dort zog er zwei Pfeile aus dem Köcher, einen, um Liebe zu erwecken, und den zweiten, um Abneigung auszulösen. Den ersten Pfeil schoß er Apollon mitten ins Herz, und mit dem anderen traf er die Nymphe Daphne, die Tochter des Flusses Peneios, die in diesem Augenblick zufällig vorüberging.

Von dem Pfeil der Liebe getroffen, war Apollon von dem lieblichen Gesicht und der edlen Gestalt der Nymphe wie verzaubert. Er trat zu ihr, um sie anzusprechen.

Bei Daphne aber hatte Eros' Pfeil nur Widerwillen hervorgerufen, deshalb wandte sie sich von ihm ab, als sie ihn bemerkte. Er trat näher an sie heran, doch Daphne wich ihm mit hastigen Schritten aus. Mit zwei, drei schnellen Sprüngen versuchte Apollon erneut, sich der lieblichen Nymphe zu nähern. Das war zuviel. Daphne machte kehrt und stürzte davon. Wie besessen lief Apollon hinter ihr her und rief ihr zu, sie möge doch keine Angst haben, doch sie rannte nur um so schneller. Beide Pfeile des Eros hatten ihre Wirkung nicht verfehlt.

«Halt ein, bitte bleib stehen», flehte Apollon, «ich will dir nichts zuleide tun.» Die schnellfüßige Nymphe entwich ihm jedoch immer wieder. Apollon ließ nicht von ihr ab und bat sie aufs neue stehenzubleiben.

«Fürchte dich nicht, schöne Nymphe», rief er, «warum fliehst du, als ob dich ein wildes Tier verfolgte? Ich will dir nichts Böses, ich bin Apollon, der Sohn des Zeus. Erhöre mein Flehen und lauf nicht vor mir davon!»

Aber Daphne dachte nicht daran stehenzubleiben. Mehrmals hatte Apollon sie schon fast erreicht, so daß es schien, als würde er sie jeden Augenblick festhalten, doch sie schnellte dann stets unvermutet nach vorn und entkam ihm. Dieser Vorgang wiederholte sich, und jedesmal, wenn er schon seine Hände nach ihr ausstreckte, gelang es ihr im letzten Moment, seinem Griff zu entkommen.

...Wehmütig strich er über die Blätter des duftenden
Baumes...

Der goldlockige Gott gab jedoch nicht auf. Eros' Pfeil hatte in seinem Herzen eine wilde Leidenschaft entfacht.

«Lange kann sie nicht mehr durchhalten. Früher oder später wird sie müde, und dann habe ich sie», sagte er sich, während er hinter der Nymphe herlief.

Tatsächlich begann Daphne zu ermüden. Der Gott des Lichtes kam näher und näher. Schon streckte er seine Arme aus, um sie zu berühren, sie zu packen...

«Oh, ihr Götter und du, Mutter Erde», keuchte Daphne, «warum laßt ihr zu, daß ich in Apollons Hände falle? Ich will ihn nicht zum Mann. Lieber wollte ich ein Stein oder ein Baum sein, als daß mich jemand berührt, den ich nicht liebe, selbst wenn es ein Gott ist.»

Und wirklich, kaum hatte Daphne diese Worte über die Lippen gebracht, als sie erstarrte. Aus ihrem Haar und ihren Armen wuchsen Äste und Blätter hervor, während ihr Körper zu einem Baumstamm wurde. So verwandelte sich die junge Nymphe in einen wohlriechenden Lorbeerbaum, der im Griechischen Daphne heißt und den Apollon nun statt ihrer umarmte.

Der goldlockige Gott war zutiefst betrübt. Er bedauerte, daß die Nymphe, in die er sich so unversehens verliebt hatte, nun seinetwegen verloren war. Wehmütig strich er über die Blätter des duftenden Baumes und brach einen Zweig ab, um sich daraus einen Kranz zu winden. Apollon konnte die schöne, ungebärdige Nymphe nicht vergessen, deshalb wird er häufig mit einem Lorbeerkranz auf dem Haupt dargestellt.

Apollon und Marpessa

Apollon heiratete niemals. Von allen Göttern der schönste, führte er ein Leben ganz nach seinem eigenen Willen und war es so zufrieden. Ein einziges Mal dachte er an die Ehe, doch selbst in diesem Fall schien es fraglich, ob er treu geblieben wäre. So war es ein Glück, daß diese Hochzeit niemals stattfand.

Es handelte sich um Marpessa, die Tochter des Königs von Aitolien.

Ihr Vater Euenos behandelte sie streng, doch er war ein würdiger und tapferer Krieger.

Er hatte kundgetan, daß er seine Tochter allein demjenigen zur Frau gäbe, der ihn mit dem Kampfwagen besiegte.

Anfangs waren viele Krieger bereit, sich für die schöne Marpessa und ihre reiche Mitgift mit Euenos im Zweikampf zu messen. Einer nach dem anderen ließ sein Leben bei diesem Unterfangen, so daß es bald niemand mehr wagte, gegen den König von Aitolien anzutreten. Bis eines Tages ein kühner, hübscher Jüngling auf einem geflügelten Roß, einem Pegasos, vor Marpessa erschien. Es war der heldenhafte Idas, der Sohn des Königs von Messenien, der noch in keinem Kampf besiegt worden war.

Marpessa hatte schon viel von den Heldentaten des Idas gehört, und sie erschrak nicht wenig, als sie ihn sah. Lieber wollte sie niemals heiraten, als denjenigen zum Mann nehmen, der vorher ihren Vater erschlagen würde. Denn jetzt hatte es Euenos nicht mit irgendeinem Krieger zu tun, sondern mit dem berühmten Helden Idas, der ihn mit

Sicherheit töten würde.

Idas sah das Entsetzen in Marpessas Augen und erriet ihre Gedanken.

«Höre, schöne Königstochter», sprach er freundlich zu ihr. «Ich bin nicht hierhergekommen, um deinen Vater zu töten, denn ich begehre weder seine Schätze noch seinen Thron. Komm, laß uns heimlich fortgehen, bevor der Tag anbricht.»

Als Marpessa die vernünftigen Worte des jungen Mannes hörte, fühlte sie, wie eine Welle des Glücks in ihr aufstieg, und war sofort einverstanden, ihm zu folgen. Idas ließ sie auf dem Rücken seines prächtigen Pegasos Platz nehmen, den ihm der Meeresgott Poseidon zum Geschenk gemacht hatte, und sie flogen durch die Lüfte nach Messenien.

Kaum hatte König Euenos erfahren, daß seine Tochter mit Idas geflohen war, rief er Apollon um Hilfe an. Der goldlockige Gott, der selbst in Marpessa verliebt war, kam dieser Bitte nur zu gern nach, und in Windeseile machten sich beide auf, um die Liebenden einzuholen.

Als sie jedoch den Fluß Lykormas überqueren wollten, wurde Euenos von den tosenden Fluten hinweggerissen. Apollon zog ihn aus dem Wasser, doch es war bereits zu spät, Euenos war tot. Da tat Apollon über dem Leichnam den Schwur, daß er Marpessa Idas entreißen und sie zu seiner Frau machen würde. Außerdem versprach er dem toten König, daß sein Name unsterblich bliebe, denn der Fluß, in dem er sein Leben verloren hatte, sollte von nun an Euenos heißen. Nachdem er diese Worte gesprochen hatte, nahm er die Verfolgung wieder auf, und noch bevor die Fliehenden Messenien erreichten, wurden sie von Apollon eingeholt.

Idas wußte sofort, weshalb der Gott gekommen war, doch anstatt zurückzuweichen, trat er rasch vor Marpessa, um sie zu beschützen. Seine grimmige Miene verriet, daß er zu allem bereit war. Der junge Mann, der gegen Euenos nicht hatte kämpfen wollen, zögerte jetzt keinen Augenblick, es mit einem Gott aufzunehmen, und die beiden Rivalen gingen sogleich aufeinander los.

Ein furchtbarer Kampf begann. Idas hatte die Kräfte eines Löwen und erwies sich Apollon als durchaus ebenbürtig, obwohl er nur ein Sterblicher war. Zeus wurde bald auf die Kämpfenden aufmerksam und wollte sie trennen, was jedoch unmöglich schien, so verbissen rangen sie miteinander. Erst als der Herr des Olymp einen Blitz zwischen sie schleuderte, konnte er dem Zweikampf Einhalt gebieten.

Als die beiden Widersacher wieder auf ihren Füßen standen, befahl ihnen Zeus, ihm den Grund ihrer Auseinandersetzung zu nennen.

«Vater Zeus», sagte Apollon, «ich begehre Marpessa zum Weib, und es ist eine Gotteslästerung, daß dieser Sterbliche es wagt, sich mir in den Weg zu stellen.»

«Vater der Götter und der Menschen», sprach auch Idas, «Marpessa ist mein, und nichts kann mich bewegen, auf sie zu verzichten.»

Zeus dachte einen Augenblick nach, dann wandte er sich an Marpessa und sagte zu ihr:

«Schöne Prinzessin, es ist dein gutes Recht, dir deinen Mann selbst zu erwählen. Für wen du dich auch entscheidest, ich verspreche dir, daß du ihn bekommen sollst.»

Bescheiden dankte Marpessa dem großen Zeus und wandte sich dann mit folgenden Worten an den Gott des Lichtes:

«Apollon, du bist ein Gott und erfreust dich ewiger Jugend. Ich aber werde eines Tages alt, und dann verläßt du mich. Großer Zeus, viele Jahre hindurch habe ich mit dem unerträglichen Gedanken gelebt, daß ich einst den Mörder meines Vaters zum Mann nehmen müßte. Idas war der einzige, der mir Verständnis entgegenbrachte, er bewies Klugheit und große Unerschrockenheit. Ich liebe ihn und will seine Frau werden.»

Und so geschah es. Apollon beugte sich dem Willen des Zeus, er war voller Bewunderung für Marpessas Vernunft und Idas Kühnheit, wünschte dem jungen Paar viel Glück und begab sich nach Delphi.

Der Gott des Lichtes kannte keine Traurigkeit. Er besaß seine Leier, die alle Sorgen vertrieb und ihm Ruhe und Zufriedenheit wiedergab. Oft unterhielt er mit diesem Instrument die Götter des Olymp bei ihren Gelagen. Brachte Apollon die Zaubersaiten seiner goldenen Leier zum Klingen, kamen die neun Musen freudig herbeigelaufen und begannen zu singen, so daß die süßen, göttlichen Melodien bald im ganzen Palast widerhallten. Wenn sie dann Lust zum Tanzen hatten, sprangen Musen und Chariten auf, gefolgt von der lieblichen Aphrodite. Angeführt wurde der Reigen jedoch von der Schwester des Apollon, der anmutigen Artemis.

Je fröhlicher es aber auf dem Olymp zuging, desto weniger Unglück gab es auch auf der Erde.

Asklepios

Apollon hatte auch Kinder. Eines von ihnen war Pan, der bocksbeinige Gott der Wälder. Auch der berühmte Arzt Asklepios war Apollons Sohn. Asklepios' Mutter Koronis, die Tochter des Königs von Thessalien, starb bei seiner Geburt. Apollon vertraute das Kind dem Kentauren Cheiron an, dem besten Lehrer, den es gab. Im dicht bewaldeten Peliongebirge lernte Asklepios unter Cheirons Anleitung so viel über die Heilkunst, daß er am Ende seinen Lehrer übertraf. Es gab keine Krankheit, die er nicht zu heilen vermochte, und am Ende brachte er es sogar fertig, Tote wieder zum Leben zu erwecken. Diese für die Menschen so segensreiche Fähigkeit sollte ihm aber zum Verhängnis werden.

Pluton, der Herr der Unterwelt, beklagte sich bei seinem Bruder Zeus darüber, daß Asklepios Tote auferweckte, da er fürchtete, daß sein Reich bald leerstehen würde.

Als der Herrscher über die Götter und die Menschen von der Auferstehung der Toten hörte, fuhr er voller Zorn in die Höhe. Seine Stirn verfinsterte sich, ein grimmiger Glanz trat in seine Augen, und im selben Augenblick hatte sich der Himmel mit schwarzen Wolken bedeckt. Es blitzte und donnerte, und die Erde begann zu beben, als wollte der Himmel einstürzen.

«Wer wagt es, die bestehende Ordnung und die Gesetze, die die Welt regieren, zu ändern?» rief der Herr der Götter und Menschen mit gewaltiger Stimme. Er schleuderte einen Blitz nach Asklepios und sandte ihn so in die Unterwelt.

Apollon war über den Verlust seines Sohnes zutiefst betrübt, doch noch größer war die Trauer der Menschen, die den großen Arzt mehr verehrten als andere Götter.

Asklepios aber hatte selbst von der Unterwelt aus noch die Macht, den Menschen zu helfen und Kranke zu heilen. Überall in Griechenland gab es Heiligtümer des Gottes und sogenannte Asklepieien, eine Art von Krankenhäusern, die an der jeweils gesündesten Stelle der betreffenden Gegend errichtet wurden. Dort heilten die Priester des Asklepios, die gleichzeitig Ärzte waren, die Kranken durch Beratung, verschiedene Kräuter und Gebete.

Asklepios wurde in seinem Werk von seinen beiden Töchtern Hygieia und Panakeia unterstützt.

Erstere sorgte dafür, daß die Menschen ein gesundes Leben führten und auf diese Weise Krankheiten vermieden, während letztere große Kenntnisse der Arzneikunde besaß. Sie hatte ein Mittel erfunden, das dann auch ihren Namen trug, wie es in der Welt kein zweites gab. Es war eine überaus seltene Medizin, doch sie heilte jede Krankheit. So wenigstens erzählten es die Menschen.

HERMES

Hermes stiehlt Apollons Rinder

Im folgenden wird von einem Gott die Rede sein, dem der Schalk im Nacken saß. Das war der listenreiche Hermes, der Sohn des Zeus und der Maia. Er wurde auf dem Peleponnes, in einer Höhle des Kyllenegebirges, geboren und begann mit seinen Streichen, kaum daß er das Licht der

Welt erblickt hatte. Da er ein Gott war, brauchten nicht erst
Jahre zu vergehen, bis er eine Probe seiner Fähigkeiten
geben konnte, so war er schon zu Schelmenstücken aufgelegt, bevor er noch seine Wiege verlassen hatte.

Niemand weiß, wie Hermes auf den Gedanken verfiel,
Apollons Rinder zu stehlen. Er kletterte aus seiner Wiege
und begab sich nach Pierien, wo der Gott des Lichtes die
Herden des Olymp hütete.

Mit großer Geschicklichkeit gelang es Hermes, fünfzig
junge Kühe von der Herde zu trennen und sie auf den
Peleponnes zu bringen, ohne von Apollon bemerkt zu
werden. Seinen ganzen Einfallsreichtum bot er auf, um
diesen Streich erfolgreich zu Ende zu bringen. Bevor er
sich mit dem gestohlenen Vieh auf den Weg machte, löste
er die Hufe von den Füßen der Färsen und setzte sie ihnen
falsch herum wieder an, so daß die Klauen nach hinten
zeigten. Dann schleuderte er seine Sandalen ins Meer und
fertigte sich rasch neue an, die er umgekehrt tragen konnte.
So mußte jeder, der die Spuren auf der Straße sah, denken,
daß die Herde und der Hirte, der sie begleitete, in die von
den Fußstapfen angezeigte Richtung gingen, während es in
Wirklichkeit gerade umgekehrt war.

Nach einer Weile begegnete Hermes einem alten Mann.
Da er fürchtete, dieser könnte ihn verraten, gab er ihm eines
der Rinder und sagte:

«Du hast nichts gesehen und nichts gehört – einverstanden?»

«Einverstanden», erwiderte der alte Mann glücklich über
das Geschenk.

Hermes setzte seinen Weg fort, blieb aber nach einer Weile nachdenklich stehen. Etwas an dem Alten hatte ihm nicht gefallen.

«Es ist möglich, daß er die ganze Sache ausplaudert», sagte er sich, «besser, ich kehre noch einmal um, um ihn auf die Probe zu stellen.»

Er versteckte daher die Rinder in einem Wald, nahm die Gestalt eines Jägers an und näherte sich dem alten Mann mit den Worten:

«Ich gebe dir einen Ochsen und eine Färse, wenn du mir sagst, welchen Weg ein kleiner Junge mit fünfzig Rindern genommen hat.»

Dem Alten gefiel die Aussicht, ein zweites Mal Vieh geschenkt zu bekommen, und er zeigte dem vermeintlichen Jäger nichtsahnend die Richtung, in die Hermes gegangen war.

«Verräter!» rief der Gott sogleich, «jetzt werde ich dir zeigen, mit wem du es zu tun hast! Im gleichen Augenblick erbebte die Erde, ein riesiger Felsblock löste sich von dem Berghang und begrub den alten Mann unter sich. Sonderbar war, daß das Gestein genau das Aussehen des Alten hatte, nur daß er nun nichts mehr verraten konnte.

Der Reisende, der auf den Peleponnes kommt, wird vielleicht einen Felsen entdecken, dessen Form ihn an diese Geschichte erinnert. Und selbst wenn niemand unter ihm begraben liegt, so war es vielleicht seine Ähnlichkeit mit einem alten Mann, der die Legende ihre Entstehung verdankt.

Doch kehren wir zu unserer Geschichte zurück.

Nach diesem Zwischenfall ging Hermes zu der Herde zurück und trieb sie an einen Ort in der Nähe von Pylos. Hier schlachtete er zwei Färsen als Opfergabe für die Götter. Woher sollte er aber Feuer nehmen, um die Tiere zu braten? Der gewitzte junge Gott brauchte nicht lange, bis er eine Lösung gefunden hatte. Er suchte zwei trockene Lorbeerzweige und rieb sie solange kräftig aneinander, bis sie in Brand gerieten. Dann spießte er die beiden Kühe auf und hing sie zum Braten über das Feuer. Als sie gar waren, teilte er das Fleisch in zehn Teile und brachte es den Göttern als Opfer dar, wovon er Apollon selbstverständlich ausschloß. Somit hatten alle ihren Anteil an der Beute bekommen, und niemand besaß mehr das Recht, ihn zu verraten. Hermes selbst rührte nichts von dem Fleisch an, er sog nur den köstlichen Bratenduft ein, das genügte ihm.

Nachdem dies getan war, verbarg er die übrigen Rinder in einer Höhle und kehrte ruhig und zufrieden in seine Wiege zurück.

Als die Mutter ihn sah, begann sie zu schelten, weil er den ganzen Tag fort gewesen war. Doch Hermes berichtete ihr stolz von seinem Abenteuer.

«Du närrisches Kind», rief da seine Mutter, «hast du denn gar keine Angst vor Apollon, vor seinen Pfeilen, die ihr Ziel niemals verfehlen? Was hast du nur angerichtet!»

«Ich fürchte Apollon nicht», erwiderte der junge Gott, «und wenn er viel Aufhebens von der Sache macht, so will ich hingehen und seinen Tempel in Delphi plündern - dann werden erst alle lachen!»

Natürlich bemerkte Apollon bald, daß seine Rinder fort

waren, und begann, überall nach ihnen zu suchen. Er fand Hufspuren und neben ihnen die Fußstapfen eines Kindes. Als er ihnen folgte, mußte er zu seinem Erstaunen erkennen, daß sie ihn an seinen Ausgangspunkt zurückführten. Er kam nicht hinter die List des Diebes und nahm, da er nicht weiter wußte, Zuflucht zur Kunst der Weissagung. Von allen Göttern und Menschen war er es, der die Zeichen am besten zu deuten vermochte, schließlich gehörte ihm auch das Orakel von Delphi. Auf diesem Weg erfuhr Apollon jetzt, daß Hermes die Rinder gestohlen hatte und in einer Höhle bei Pylos verborgen hielt. Er begab sich sofort an die betreffende Stelle und stieß vor dem Eingang der Höhle erneut auf die Hufspuren und die Fußabdrücke eines Kindes. Sie deuteten jedoch darauf hin, daß die Rinder aus der Höhle hinausgetrieben wurden.

«Er ist mir zuvorgekommen und hat sie schon fortgebracht», dachte Apollon und machte sich hieraufhin nicht mehr die Mühe, die Höhle zu betreten. Wiederum hatten ihn die umgekehrten Hufspuren in die Irre geführt.

Um seine Zeit nicht länger zu verschwenden, tat der Gott nun einen gewaltigen Sprung und hatte in Sekundenschnelle das Kyllenegebirge erreicht, wo er Hermes in der Wiege liegend vorfand.

«In die finsteren Tiefen des Tartaros werde ich dich schleudern», fuhr er das Kind an, «wenn du mir nicht auf der Stelle sagst, wo die Kühe sind!»

Doch es bestand keine Hoffnung, von Hermes eine klare Antwort zu bekommen. Er benahm sich wie ein Baby, lutschte am Daumen und erwiderte unschuldig:

«Woher soll ich wissen, wo deine Kühe sind, ich bin ja erst gestern geboren worden.»

Doch Apollon glaubte dem listigen Hermes kein Wort.

«Steig aus deiner Wiege, du Dieb», schrie er wütend, «wir beide gehen jetzt sofort zu Zeus, und dann sollst du sehen, wie weit du mit deinen Streichen kommst.»

Hermes rührte sich nicht von der Stelle, und Apollon geriet außer sich vor Zorn. Er packte das Kind und lief mit ihm zum Olymp.

«Schon gut, schon gut», rief Hermes, «es besteht gar kein Grund, so mit mir umzuspringen. Ich hab ja nicht gesagt, daß ich nicht mitgehen will.»

Und als ihn Apollon losgelassen hatte, fügte er verschmitzt hinzu:

«Komm, laß uns gehen, und du wirst sehen, daß du mich zu Unrecht einen Dieb nennst.»

Sie waren bald bei Zeus angelangt, doch selbst vor dem Herrn des Olymp, der ja sein Vater und auch der Apollons war, zögerte Hermes nicht abzustreiten, daß er etwas von dem Diebstahl wußte.

«Du weißt ja selbst», sagte er zu Zeus, «daß ich Apollons Rinder nicht gestohlen habe.»

Natürlich wußte Zeus Bescheid, daher befahl er Hermes in einem Ton, der keine Widerrede duldete, Apollon auf der Stelle zu dem Ort zu führen, wo er die Rinder versteckt hatte.

Was blieb Hermes anderes übrig? Zeus war allem Anschein nach nicht zum Scherzen aufgelegt, also führte er Apollon zu der Höhle bei Pylos.

Apollon erblickte auf dem Boden wiederum die Hufspuren, die in die entgegengesetzte Richtung zeigten. Er warf Hermes einen argwöhnischen Blick zu und sagte:

«Wie ich sehe, willst du mich weiterhin zum Narren halten.» Dann schrie er ungehalten:

«Entweder du bringst mich sofort zu der Stelle, wo du die Rinder versteckt hast, oder ich kann für nichts mehr garantieren...»

«Beruhige dich», sagte Hermes gelassen, «komm doch mit hinein».

Er nahm Apollon an der Hand und führte ihn in die Höhle.

Der Gott des Lichtes wollte seinen Augen nicht trauen, als er die Herde dort stehen sah. So viel Durchtriebenheit hätte er von einem Kind nicht erwartet.

Hochrot vor Zorn und Demütigung, konnte er sich nur mit Mühe beherrschen. Doch Hermes tat, als sei nichts geschehen, holte eine seltsame Leier hervor und begann zu spielen. Und dann geschah ein Wunder. Die Melodie war von so ergreifender Schönheit, daß der erzürnte Apollon, der ja auch der Gott der Musik war, sogleich seinen Ärger vergaß und wie gebannt lauschte.

«Was für himmlische Töne entströmen diesem seltsamen Instrument», wunderte er sich, «was für eine Musik ist das, die so einfach den Zorn beschwichtigt und die Wogen der Leidenschaft glättet?»

Doch mehr noch als Apollon rührte die Musik Hermes selbst an. Er fühlte, wie sich ein Wandel in ihm vollzog. Voller Scham wegen seines Verhaltens sagte er:

«Ich hätte dir das nicht antun sollen!»

Dann bot er Apollon seine Leier an und fügte hinzu: «Bitte, nimm diese Leier als Unterpfand unserer Freundschaft. Ich habe sie mit eigener Hand aus dem Panzer einer Schildkröte gefertigt, indem ich diese Saiten daran befestigte. Du hast gehört, wie wunderbar sie klingt.»

Für den Gott der Musik war dies das kostbarste Geschenk, das man ihm machen konnte. Seine Freude war so groß, daß er schwor, keiner der Götter werde ihm jemals so teuer sein wie Hermes.

Aber nicht nur Apollon war glücklich, sondern auch Hermes selbst. Als er dem Gott seine Leier schenkte, war es, als ob er einen Teil seiner selbst hergäbe, und das machte ihn froh. Er hatte nun erfahren, daß Freundschaft durch Geben gewonnen wird.

Beim Abschied zögerte Apollon einen Augenblick und sagte dann:

«Hermes, behalte die Rinder, ich schenke sie dir. Schlage mir das bitte nicht ab, wenn dir etwas an unserer Freundschaft liegt.» Daraufhin gingen sie zufrieden auseinander, beide hatten eine wertvolle Erfahrung gemacht.

Ein gewitzter Gott

So endete Hermes' erster Streich, dem noch viele folgen sollten. Der Gott konnte einfach nicht aufhören, Schabernack zu treiben. Mal versteckte er den Dreizack des Poseidon, ein andermal das Schwert des Ares, und eines Tages wagte er gar, seinem Vater das Zepter zu stehlen. Wäre es

... Er hatte nun erfahren, daß Freundschaft durch Geben
gewonnen wird...

nicht sogleich wieder zum Vorschein gekommen, wer weiß, was Zeus in seinem Zorn getan hätte.

Nur einmal erging es Hermes schlecht, und das war, als er als Kind die gebündelten Blitze des Zeus stehlen wollte. Kaum hatte er sie berührt, loderten Flammen aus ihnen auf, Donnerschläge krachten nieder, und Hermes, der sich verbrannt hatte, begann zu schreien. Noch fürchterlicher als der Donner war jedoch der Zornesausbruch seines Vaters. Hermes sah ein, daß er einen Fehler begangen hatte, und schämte sich wegen dieses Vorfalls.

Er gebrauchte seine List allerdings auch zu guten Zwecken. Es war schon davon die Rede, wie er Typhon die Sehnen des Zeus entwendete und sie in die Hände und Füße seines Vaters wieder einsetzte, womit er ihm half, das abscheuliche Untier zu besiegen.

Hermes war an List, Klugheit und Schnelligkeit wahrlich nicht zu übertreffen.

Er hatte Flügel an den Füßen und konnte sich in Windeseile in die entferntesten Winkel der Erde begeben.

Daher leistete er den anderen Göttern und vor allem Zeus als Bote wertvolle Dienste. Der Herr des Olymp bediente sich seiner Fähigkeiten oft und übertrug ihm die schwierigsten Aufgaben. Was immer er ihm auch zu tun gab, Hermes war allen Situationen gewachsen und hatte bei der Erledigung seiner Aufträge keine Mühe.

Da er selbst ein überaus kluger und gewitzter Gott war, hegte Hermes eine besondere Zuneigung zu den Menschen, die die gleichen Eigenschaften besaßen. Aus diesem Grund war er der Schutzherr der Kaufleute und der Redner, die sich bekanntlich durch schlaue Winkelzüge und Kniffe zu helfen wissen. Mit seinem Heroldsstab verlieh er allen, die unter seinem Schutz standen, Reichtum, Gesundheit und Glück.

Außerdem wird berichtet, daß er der Gott der Diebe war, doch viele von ihnen nahmen ein böses Ende und beklagten sich dann, daß Hermes sie ihrem Schicksal überlassen hätte.

Er beschützte aber auch die Menschen, die hart arbeiten mußten, die Bauern und vor allem die Hirten, da er ja von klein an, wie wir gesehen haben, schon eine eigene Herde besaß. Seine Kopfbedeckung war eine Hirtenkappe, an der er Flügel befestigt hatte.

Da er jung und kräftig war, liebte Hermes den Sport, schützte die Athleten und sorgte dafür, daß bei Wettkämpfen alle Regeln eingehalten wurden. Deshalb gab es in den Austragungsstätten Statuen von ihm.

An Abzweigungen oder auf halber Wegstrecke trafen Reisende auf sogenannte Hermen, rechteckige Pfeiler, die Büsten des Gottes trugen. In ihrem Schutz fühlten sie sich sicher, denn kein Übeltäter wagte es, jemanden anzufallen, der unter einer Herme rastete. In den Schaft der Hermen waren wichtige Informationen eingeritzt, die für jemanden, der die Gegend nicht kannte, eine große Hilfe waren. Es gab auch den schönen Brauch, etwas Wegzehrung für hungrige Reisende an den Hermen zurückzulassen.

Obwohl er ständig Streiche ausheckte und Listen gebrauchte, war Hermes bei Menschen und Göttern gleichermaßen beliebt. Viele bewunderten sogar seine kleinen

Schwächen, Hermes selbst jedoch wollte, daß die Menschen klug und vernünftig handelten, und wenn sie das taten, dann standen sie in seiner besonderen Gunst.

Das Wasser des Vergessens

Sein wacher Verstand, seine Gewandtheit und sein geschmeidiger Körper machten Hermes zum Liebling der Waldnymphen. Auf Sizilien gebar ihm eine Nymphe einen Sohn, doch sie war dann so herzlos, ihr Kind in einem Lorbeerhain auszusetzen.

Dort, inmitten der Lorbeerbäume, fanden andere, gutmütige Nymphen den Säugling und zogen ihn mit liebevoller Fürsorge auf. Nach dem griechischen Wort für Lorbeer bekam Hermes' Sohn den Namen Daphnis. Er wuchs zu einem hübschen Jüngling heran und wurde Hirte. Daphnis hatte eine große Schwäche für die Musik und lernte von Pan, dem bocksbeinigen Gott der Wälder, auf einer aus Rohrpfeifen gefertigten Hirtenflöte zu spielen. Bald schon komponierte er selbst Lieder, die er sang oder auf der Panflöte spielte. In ihnen erzählte er vom einfachen Leben der Hirten und von der Schönheit der Wälder und war somit der erste Hirtendichter. Hermes liebte seinen Sohn über alle Maßen, und dieser machte dem Namen seines Vaters Ehre. In der ganzen Welt wurde er durch seine Verse und Melodien bekannt.

Die Nymphe Lyke war dem edlen Jüngling sehr zugetan, und bald wurden sie das glücklichste Paar auf ganz Sizilien. Sie paßten gut zueinander, denn Lyke besaß eine liebliche

...Daphnis lernte von Pan, dem bocksbeinigen Gott der Wälder, auf der Hirtenflöte zu spielen...

Stimme. Wenn sie sang und er sie auf der Panflöte begleitete, so war es, als ob eine Muse des Olymp sänge und Pan
selbst spielte.

Doch obgleich Lykes Glück nun vollkommen war, ergriff bald die bange Vorahnung von ihr Besitz, daß sie
ihren Geliebten verlieren sollte.

«Liebster Daphnis», sagte sie eines Tages zu ihm, «je
glücklicher ich bin, desto größer wird auch meine Angst.
Es gibt Augenblicke, in denen ich alles verloren glaube.
Mir wird so weh ums Herz bei dem Gedanken, daß du
irgendwann nicht mehr bei mir sein könntest. Ich wollte
eher sterben, als dies zu ertragen.»

«Liebste», erwiderte Daphnis, «allein die Götter kennen
unser Geschick. Wenn ich sterben sollte, mußt du tapfer
sein und darum kämpfen weiterzuleben. Doch daß ich dich
vergessen sollte, solange ich lebe, das ist ganz und gar
unmöglich. Ich schwöre im Angesicht der Götter, daß ich
mich von dir selbst blenden lassen will, wenn ich dich je
wegen einer anderen Frau verlassen sollte.»

Doch das Schicksal wollte es, daß bereits am folgenden
Tage das Unmögliche geschah.

Daphnis war auf der Jagd gewesen und hatte sich erschöpft auf einen Stein gesetzt, um auszuruhen. Als er
wieder zu Atem kam, holte er seine Panflöte hervor und
spielte darauf. Hinter dichtem Blattwerk verborgen, stand
ganz in der Nähe ein prächtiger Palast. Ein leichter Windhauch trug die süße Weise geradewegs zu dem Fenster der
Prinzessin, die von der Schönheit der Melodie wie verzaubert war. Als die letzten Töne verklangen, lief sie die

Stufen zum Tor des Palastes hinab, um einen Blick auf den Flötenspieler zu werfen. Mittlerweile war Daphnis aufgestanden, um nach einer Quelle zu suchen, denn es war heiß, und der Durst quälte ihn sehr. Unversehens fand er sich vor dem Palast wieder und schaute der Königstochter, die in eben diesem Moment herausgekommen war, gerade ins Gesicht.

Die Prinzessin verliebte sich auf der Stelle in den hübschen Jüngling mit der Panflöte und forderte ihn auf, in den Palast zu kommen.

«Bring mir nur ein wenig Wasser, meinen Durst zu stillen, schöne Prinzessin», erwiderte Daphnis, «dann will ich gleich aufbrechen, denn ich habe mich bereits verspätet, und meine Liebste wartet auf mich.»

Die Königstochter war jedoch kein gewöhnliches Mädchen. Sie kannte so manches Zaubermittel und tat in das Wasser etwas Saft aus dem Kraut des Vergessens...

Dann kam sie zum Tor zurück und streckte mit einem Lächeln ihre Hand aus, um Daphnis den Trank zu reichen.

In diesem Augenblick kam ein Wind auf, die Blätter an den Bäumen begannen zu rauschen, und es war Daphnis, als ob er eine Stimme hörte:

«Halte ein, Daphnis, trink nicht davon! Siehst du nicht ihre Augen? Es sind die Augen einer Zauberin!»

Doch die Kehle des jungen Mannes war so ausgedörrt, daß er beide Hände nach dem Becher ausstreckte.

«Daphnis! Nicht, Daphnis!» erklang die Stimme erneut. «Trink nicht vom Wasser des Vergessens, sonst wirst du uns vergessen!»

«Es muß wohl der Wind sein», sagte sich Daphnis. «Hier ist niemand außer mir und der Prinzessin. Es ist so heiß, und ich bin durstig.» Und er leerte den Becher in einem Zug.

So löschte Daphnis seinen Durst und vergaß die geliebte Frau, seinen Schwur vor den Göttern und alles andere auch.

Die Prinzessin nahm ihn bei der Hand und führte ihn in den Palast.

Vergeblich wartete Lyke auf Daphnis' Rückkehr. Stunde um Stunde verging. Sie war halb von Sinnen vor Angst und begann, ihn überall zu suchen. Irgendwann gelangte sie wie durch Zufall vor das Tor des Palastes, wo nun zwei Wächter standen.

«Ich suche Daphnis, den Sänger mit der Panflöte», schluchzte Lyke, «habt ihr ihn vielleicht vorübergehen sehen?»

«Frag nicht länger nach Daphnis. Er ist jetzt der Geliebte der Prinzessin. Vergiß ihn also, wie er dich auch vergessen hat», entgegnete einer der Wächter, der erkannt hatte, wer da vor ihm stand.

Wie rasend stürzte Lyke in den Palast. Bevor es jemandem gelang, sie aufzuhalten, stand sie Daphnis schon gegenüber. Als dieser ihrem Blick begegnete, war es, als sei er von einem Blitz getroffen, der ihn aus einem schrecklichen Alptraum riß.

«Lyke...», stammelte er.

«Der Schwur, der Schwur, oh ihr Götter!» rief Lyke, und ihre Augen bohrten sich wie loderndes Feuer in die des jungen Mannes.

Daphnis' Augen taten sich vor Schreck weit auf, dann fühlte er einen Schmerz, der bald unerträglich wurde, so daß er sie unwillkürlich schloß. Als er sie wieder öffnete, war er blind...

Blind und einsam irrte Daphnis nun durch den Wald, spielte traurige Melodien auf der Panflöte und sang vom süßesten Glück, das sich in bitterstes Leid gekehrt hatte.

Von ewiger Finsternis umgeben, suchte er sich unsicher seinen Weg, bis er eines Tages im gleißenden Mittagslicht von einem Felsen stürzte und den Tod fand. Hermes fand seinen Sohn, als dieser den letzten Atemzug tat, und brachte ihn auf den Olymp.

An der Stelle aber, wo er starb, am Fuße des Felsens, entsprang eine Quelle. Bis auf den heutigen Tag zeigen die Menschen auf Sizilien diese Quelle dem Fremden und sagen ihm, daß im Murmeln des Wassers Daphnis' Panflöte zu hören sei.

DEMETER

Die Göttin des Ackerbaus

Diese Geschichte beginnt zu einer Zeit, als die furchtbare Titanenschlacht gerade zu Ende gegangen war. Zeus und die Götter des Olymp hatten die Titanen von ihrem göttlichen Thron gestoßen und waren nun die Herren über die Welt.

Die Sieger sahen sich einer äußerst schwierigen Situation gegenüber, und ihre dringlichste Aufgabe war es, das Menschengeschlecht vor dem Hungertod zu bewahren...

Zehn lange Jahre fürchterlichen Kampfes hatten die Erde verwüstet. Kein einziger Grashalm wuchs mehr auf ihr, und die wenigen Menschen, die überlebt hatten, streiften hungrig umher und flehten die Götter um Hilfe an. Zeus, der neue Herrscher über Himmel und Erde, wollte den Menschen helfen, deshalb übertrug er der Göttin Demeter die Verantwortung für die einst so üppigen Wiesen und Wälder der Erde. Sie sollte dafür sorgen, daß der Boden wieder fruchtbar wurde und Menschen und Tiere zu essen hätten.

Der mächtige Zeus hatte mit Demeter eine weise Wahl getroffen. Niemand liebte das grüne Land, die friedlichen Herden und vor allem die Menschen mehr als sie. Mit Begeisterung ging die Göttin ans Werk. Bald waren die weiten Ebenen wie mit einem grünen Teppich bedeckt, und die Bäume setzten Früchte an. Die Menschen fanden endlich wieder Nahrung, so daß ihre Zahl allmählich zunahm. Doch dies allein genügte der großherzigen Göttin noch nicht.

In jenen frühen Jahren hatten die Menschen noch nicht gelernt, das Land zu bestellen. Sie lebten im Wald, mußten sich ständig gegen wilde Tiere zur Wehr setzen und in der Unwirtlichkeit der Natur behaupten. Als Behausung dienten ihnen Höhlen oder behelfsmäßig errichtete Hütten, ihre Nahrung bestand einzig und allein aus wildwachsenden Früchten und hier und da einem erlegten Tier. Die Menschen jener Zeit waren nicht seßhaft, denn immer wenn sie nichts Eßbares mehr fanden, mußten sie weiterziehen. Es kam allerdings nur allzu oft vor, daß ihre Suche erfolglos blieb. Dann quälte sie der Hunger, und viele von ihnen fanden den Tod. Zuweilen passierte es auch, daß sie auf Angehörige eines anderen Stammes stießen. Meist blieb ihnen dann kein anderer Ausweg als der blutige Kampf, ein

Kampf um eine Handvoll Beeren oder das Vorrecht, in jenem Wald jagen zu dürfen.

Demeter brach es fast das Herz, als sie die Menschen so leiden sah. So konnte es nicht weitergehen, sie mußte einen anderen Weg finden, wenn sie ihnen wirklich helfen wollte. Schattige Wälder und wild wuchernde Wiesen waren zwar schön anzusehen, doch davon allein wurden die Menschen nicht satt. Ihre ganze Lebensweise mußte sich ändern.

Als die Göttin eines Tages auf einem Felsen saß und ihren Blick nachdenklich über die grüne Ebene schweifen ließ, kam ihr plötzlich ein Gedanke. Es war die Antwort auf all die Fragen, die sie schon so lange beschäftigt hatten.

«Ja, das ist die Lösung», rief sie aus, «ich werde sie lehren, das Land zu bestellen.» Sie sprang auf und begann, aufgeregt hin und her zu gehen, hüpfte vor Freude in die Höhe und klatschte in die Hände, wie ein Kind, das eine freudige Nachricht nicht für sich behalten kann. Ihre Gedanken bekamen Flügel und eilten ihr voraus, und je weiter sie vordrangen, desto größer wurde ihre Freude.

«Was für wunderbare Veränderungen wird es im Leben der Menschen geben. Wenn sie erst einmal gelernt haben, das Land zu bestellen, dann werden sie Felder haben, und wenn sie Felder haben, müssen sie nicht mehr von Ort zu Ort ziehen. Sie werden Häuser und Dörfer bauen und nicht mehr frieren, Gärten anlegen und Tiere halten. Mit der Zeit wird es ihnen möglich sein, handwerkliche Künste zu erlernen und Bildung zu erwerben, herrliche Städte werden entstehen und ... und ... ja natürlich! Es gibt dann keinen Grund mehr, daß sich die Menschen gegenseitig bekämp-

fen, denn jeder hat sein eigenes Feld und sein Zuhause.
Was für großartige Aussichten! Wie viele Dinge werden
möglich, wenn die Menschen es lernen, den Boden zu
bearbeiten! Oh, wie glücklich ich bin!»

Die gütige Göttin hatte keine Zeit zu verlieren. Sie klei-
dete sich rasch in das Gewand einer einfachen Frau,
mischte sich unter die Sterblichen und machte sich ans
Werk.

Es war wahrhaftig nicht leicht, ihnen begreiflich zu machen, was sie vorhatte. Meist war Demeter allein bei der
Arbeit, grub den Boden um, pflanzte, goß, lockerte die
Erde auf und sprach dabei mit den Menschen, zeigte ihnen
geduldig, was sie tat. Doch immer wieder gab es Schwie-
rigkeiten. Viele machten sich über sie lustig, Menschen, die
in Wahrheit nichts verstanden, aber überzeugt waren, alles
zu wissen. Sie erklärten sie für verrückt und behaupteten,
daß die Götter die Welt geschaffen hätten wie sie ist, und
daß man daran nichts ändern könne. Die klügeren unter
ihnen schauten ihr jedoch aufmerksam zu. Sie erkannten
die eigene Unwissenheit und sahen, daß sie hier etwas
Neues lernen konnten. Und schon bald machten sie sich mit
Eifer an die Arbeit.

Die Belohnung für ihre Mühen ließ nicht lange auf sich
warten. Viel reicher war nun die Ernte, da sie das Getreide
selbst gesät hatten, und wer konnte ihre Freude beschrei-
ben, wenn sich auf dem Feld, das sie im Schweiße ihres
Angesichts bestellt hatten, die Halme unter dem Gewicht
ihrer Ähren bogen.

Jetzt gab es keinen Zweifel mehr, daß dies der richtige

Weg war, und allmählich sahen das alle Menschen ein. Sie zogen nicht länger auf der Suche nach etwas Eßbarem durch die Wälder, sondern begannen, Häuser zu bauen, Dörfer zu gründen und Tiere zu halten. Kunst und Wissenschaft entwickelten sich, Städte entstanden, die die Menschen mit prachtvollen Tempeln und Statuen schmückten. So brachte ihnen der Ackerbau die Zivilisation, und mit ihr wäre auch ewiger Friede eingekehrt, hätte nicht Ares, der blutrünstige Gott des Krieges, die Menschen unaufhörlich zum Kampf angestachelt. Es fiel ihm jetzt allerdings immer schwerer, seine Absichten zu verwirklichen, denn die neue Lebensweise hatte bewirkt, daß die Menschen den Krieg haßten und ihn für das größte Übel auf Erden hielten.

Mit Hilfe der Friedensgöttin Eirene versuchte Demeter stets, die Kriegspläne des Ares zu vereiteln. So gab es oft lange Zeiten des Friedens auf der Erde, kulturelle Blütezeiten, in denen Demeter glücklich war. Wenn aber Ares aufs neue sein Ziel erreicht hatte und Krieg zwischen den Menschen aufflammte, trauerte die Göttin, denn sie mußte mit ansehen, wie Werte zerstört wurden, zu deren Verwirklichung es Jahrzehnte oder gar Jahrhunderte bedurft hatte.

Der Raub der Persephone

«Wahres Glück ist für Götter und Menschen nur ein schöner Traum», dachte Demeter. «Auch wenn uns bisweilen alles vortrefflich erscheint, kann doch bereits am nächsten Tag das Verhängnis hereinbrechen.» Gedanken dieser Art waren der Göttin schon oft durch den Kopf

gegangen, doch als sie eines Tages an einem lieblichen
Berghang des Olymp spazierenging, wurde sie eine quälen-
de Vorahnung nicht mehr los. Sie setzte sich auf einen
Stein und ließ den Blick über das üppige Grün schweifen.
An ihrer sorgenvollen Miene war jedoch abzulesen, daß sie
nichts um sich herum wahrnahm. Persephone kam ihr in
den Sinn, ihre einzige Tochter, und ihre Unruhe verwandelte sich in eine panische Angst.

«Es ist ihr etwas zugestoßen», schoß es ihr durch den
Kopf, und sie sprang zu Tode erschrocken auf. In diesem
Moment brach ein wilder Sturm los, und in Demeters
Ohren gellte ein herzzerreißender Schrei, der das Tosen des
Windes noch übertönte. «Mutter, ich werde geraubt!» Der
verzweifelte Ruf erreichte den Olymp aus weiter Ferne,
über Berge und Meere hinweg, und obwohl er nur ein
einziges Mal ausgestoßen wurde, kehrte er als dröhnendes
Echo wieder und wieder zurück. Während es so durch die
Schluchten und über die Berggipfel schallte und die Stimme sich mit dem Pfeifen des Windes vermischte, veränderte
sich ihr Klang. Bald tönte es wie ein Angstschrei, bald wie
ein Schluchzen, bald hallte es mächtig von den Felswän-
den, um dann als schwaches Wispern zurückzukehren. Der
Göttin schwanden die Sinne, ihr Kopf drohte zu zerspringen. «Mutter, ich werde geraubt!» Es war die Stimme ihrer
einzigen Tochter Persephone...

Selbst tausend Blitze hätten Demeter nicht so erschüttern
können wie dieser Schrei. Es hielt sie keinen Augenblick
länger auf dem Olymp. Wie ein aufgescheuchter Vogel
stürzte sie davon, eilte bald über festes Land, bald über die

Oberfläche der Meere, um ihre Tochter überall zu suchen.

«Persephone, Persephone», schrie die Göttin außer sich vor Kummer und lief und suchte ohne Rast, bis sie endlich in das blühende Tal von Nysa kam. Hier traf sie auf eine Schar von Okeaniden, schönen Wassernymphen, die Persephones beste Freundinnen waren. Angsterfüllt lief sie zu ihnen, doch die bestürzten Gesichter der Mädchen verhießen nichts Gutes.

«Ihr lieben Mädchen», rief Demeter, «sagt mir geschwind, was meiner Tochter geschehen ist! Wer hat sie entführt?»

«Oh, du unglückliche Göttin», war die Antwort, «wir wissen es nicht. Sie war vor kurzem noch hier bei uns, und wir haben Blumen gepflückt. Schau, dort stehen noch unsere Körbe. Irgendwann muß sie sich dann unbeabsichtigt von uns entfernt haben. Plötzlich hörten wir ihren Schrei, und dann war Stille.»

Weiterer Worte bedurfte es nicht. Demeter eilte davon, um ihre Suche fortzusetzen. Neun Tage und neun Nächte irrte sie so umher, rief unzählige Male den Namen ihrer Tochter, doch alles umsonst. Wen immer sie nach ihr fragte, ob einfache Sterbliche oder große Seher, niemand konnte ihr weiterhelfen.

Als am Abend des zehnten Tages der neue Mond am Himmel stand, erschien Hekate, die Mondgöttin, vor Demeter und sagte zu ihr:

«Ich kenne deinen großen Kummer und bin gekommen, um dir zu helfen. Da niemand etwas von deiner Tochter weiß, werde ich dich zu Helios bringen, dem Sonnengott,

denn er ist der einzige von allen Sterblichen und Unsterblichen, der die Entführung deiner Tochter gesehen haben
muß.»

Bald schon erreichten beide Göttinnen die goldenen Paläste der Sonne und standen geblendet vor dem strahlenden
Gott des Tages. Als Helios Demeter sah, wußte er sogleich,
weshalb sie gekommen war.

«Ich fühle mit dir, liebe Göttin», sagte er, «denn großes
Unglück ist dir widerfahren. Doch wisse, was Persephone
geschah, war der Wille ihres Vaters Zeus. Er hat sie Pluton,
dem Herrscher der Unterwelt, zur Braut gegeben. So lebt
sie nun im Hades und wird niemals mehr das Licht des
Tages erblicken.»

Als Demeter diese Worte hörte, wurde ihr Antlitz fahl
wie Wachs, und Tränen strömten aus ihren Augen. Helios
wußte jedoch noch mehr zu berichten:

«Gemeinsam mit ihren Freundinnen, den Okeaniden,
pflückte Persephone im lieblichen Tal von Nysa Blumen.
Es war ein wundervoller Tag. In der Luft lag der Duft
unzähliger Blüten, die Bäume standen in frischem Grün,
und man hörte nur den Gesang der Vögel und das leise
Murmeln der Bäche. Trunken von so viel Schönheit, flog
Persephone wie ein Schmetterling von Blume zu Blume,
ohne zu bemerken, daß sie ihre Freundinnen weit hinter
sich zurückgelassen hatte. Doch während sie sich sorglos
an all der Pracht erfreute, lag nicht weit von ihr entfernt
Pluton, der Herr der Unterwelt, in einer Erdspalte auf der
Lauer. Irgendwann erblickte Persephone eine herrliche
Narzisse, deren Blütenblätter sich gerade in jenem Moment

...Ehe sie sich's versah, hatte er Persephone schon zu sich
auf den Wagen gezogen...

öffneten. Sie pflückte die Blume und neigte ihr Gesicht
darüber, um den intensiven Duft einzuatmen. Persephone
ist ein bezauberndes Mädchen, und in diesem Augenblick
war sie begehrenswerter denn je. Pluton, der die ganze
Szene beobachtet hatte, konnte nicht länger an sich halten.
Mit einer einzigen Bewegung von ihm tat sich die Erde auf,
und er stürmte auf seinem goldenen Wagen, vor den die
unsterblichen, schwarzen Rosse der Unterwelt gespannt
waren, ans Tageslicht empor. Ehe sie sich's versah, hatte er
Persephone schon zu sich auf den Wagen gezogen. Ihr
blieb gerade noch Zeit zu dem Schrei, den ihr gehört habt,
dann war das Gefährt bereits wieder in der dunklen Kluft
verschwunden, denn die Pferde konnten das Licht des
Tages nicht ertragen.»

Je weiter der Sonnengott in seiner Erzählung fortfuhr,
desto größer wurde Demeters Verzweiflung. Helios fühlte
tiefes Mitleid mit ihr und versuchte, sie zu trösten:

«Sei nicht betrübt, liebe Göttin», sage er, «Pluton ist ein
mächtiger Herrscher, der über ein gigantisches Reich
gebietet, denn die Toten übertreffen an Zahl die Lebenden
um ein Vielfaches. Deine Tochter wird in goldenen Palästen wohnen und von den unzähligen Schatten der Verstor-
benen geehrt und gerühmt werden wie auch ihr Mann, der
unsterbliche Pluton, der ja ein Bruder des allmächtigen
Zeus und somit auch der deine ist.»

Doch auch diese Worte konnten Demeters Qual nicht
lindern, sie erkannte, daß sie endgültig verloren hatte, was
ihr das Liebste auf der Welt war - ihre einzige Tochter.

Nun wußte sie die ganze Wahrheit, und der Schmerz

wurde so groß, daß er nicht nur ihr Leben, sondern auch alles, was sie geschaffen hatte, zerstörte.

Fortan konnte auf der Erde nichts mehr gedeihen. Ein eisiger Nordwind tobte, er riß die welken Blätter von den Bäumen und wirbelte sie durch die Luft. Verschwunden waren die lieblichen Blumen und das grüne Gras, verschwunden auch die reichen Ähren und die süßen Früchte. Nichts war von all dem geblieben, und die Menschen hungerten und froren. Viele von ihnen mußten sterben, und auch den Tieren und den Vögeln erging es nicht anders.

Da erhob sich ein lautes Wehklagen auf der Erde, und alle beschworen Demeter, die Felder wieder grün zu machen und die Bäume Früchte tragen zu lassen, damit das Lächeln in die Welt zurückkehrte. Die Trauer der Göttin war jedoch so groß, daß sie nichts außer ihrem eigenen Leid wahrnahm.

Sie hegte einen tiefen Groll gegen Zeus, weil er Pluton ihre Tochter gegeben hatte, ohne auf sie Rücksicht zu nehmen. Deshalb wollte sie den Olymp niemals wiedersehen und zog wie eine sterbliche Mutter, die den Verlust ihres einzigen Kindes betrauert, weinend von Ort zu Ort.

So gelangte sie eines Tages auch vor die Tore von Eleusis. Dort befand sich ein Brunnen, der «Jungfrauenbrunnen», der bis auf den heutigen Tag erhalten ist. Erschöpft labte sich Demeter an seinem Wasser und setzte sich dann auf einen großen Stein, der seither den Namen «Klagestein» trägt. In ihren Kummer versunken, hatte die Göttin schon lange dort gesessen, als vier Mädchen kamen, um Wasser zu schöpfen. Sie wurden von tiefem Mitleid ergriffen, als sie die weinende Frau in Trauergewändern erblickten, und fragten sie, wer sie sei und was sie tun könnten, um ihr zu helfen.

«Mein Name ist Deo», erwiderte Demeter, die sich nicht zu erkennen geben wollte. «Ich komme aus Kreta und wurde von Seeräubern verschleppt, doch gelang es mir, ihnen zu entfliehen. Seither irre ich von Ort zu Ort und weiß nicht einmal mehr, wo ich mich befinde. Wenn ihr aus reichem Haus stammt, wie es den Anschein hat, so wißt, daß ich zu den verschiedensten Arbeiten tauge. Ich kann Kinder aufziehen, Alte pflegen und den Dienerinnen ihre Aufgaben zuteilen.»

«Wir sind die Töchter des Keleos, des Königs von Eleusis», erwiderte das älteste der Mädchen. «Komm mit zu unserer Mutter, Königin Metaneira. Sie sucht eine verständige Frau als Amme für unseren kleinen Bruder Demophon.»

So nahmen sie die fremde Frau mit in den Palast. Kaum hatte Demeter die Schwelle überschritten, erstrahlte der ganze Saal in göttlichem Licht. Erstaunt erhob sich Metaneira, um der Fremden entgegenzugehen. Sie erkannte, daß sie keine gewöhnliche Sterbliche vor sich hatte und bot ihr den königlichen Thron an.

Demeter lehnte es ab, sich dort niederzusetzen, sie blieb mit kummervollem Gesicht stehen, bis Iambe, eine Dienerin der Königin, ihr einen Schemel brachte. Als Iambe die traurige Miene der Göttin sah, versuchte sie, diese mit Spott und Scherz zum Lachen zu bringen. Sie schnitt so komische Gesichter und sagte so lustige Dinge, daß endlich doch ein Lächeln auf Demeters Lippen erschien und sie einen Becher Wein entgegennahm. Zum ersten Mal seit dem Verlust ihrer Tochter war ein wenig Freude in ihr Herz gekommen.

Demeter blieb im Palast des Keleos, und Metaneira vertraute ihr den spätgeborenen Sohn Demophon an. Die Göttin wollte das Königspaar für seine Güte belohnen und beschloß, das Kind unsterblich zu machen. Sie nahm den Säugling in die Arme und hauchte ihm ihren unsterblichen Atem ein. Dann salbte sie ihn mit Ambrosia und setzte ihn jede Nacht heimlich der Kraft des Feuers aus, um seinen Leib unvergänglich zu machen.

Eines Nachts sah jedoch Metaneira, was mit ihrem Kind geschah. Sie glaubte, daß die Amme den Verstand verloren habe und das Kind verbrennen wolle, und erhob ein solches Geschrei, daß sie die Göttin damit erzürnte. Demeter nahm das Kind aus dem Feuer und gab es seiner Mutter zurück.

«Nimm somit dein Kind und zieh es selbst auf», sagte sie zu ihr. «Meine Absicht war, es unsterblich zu machen, daß es weder Alter noch Tod zu fürchten brauchte und für alle Zeiten geehrt würde. Ich bin die Göttin Demeter und wollte euch auf diese Weise für alles, was ihr für mich getan habt, danken.»

Kaum hatte sich Demeter zu erkennen gegeben, als wiederum ein göttliches Licht das Gemach erfüllte und die Göttin ihre ursprüngliche, herrliche Gestalt annahm. Metaneira und Keleos fielen fassungslos vor ihr auf die Knie.

Demeter trug dem König auf, in der Nähe der Quelle Kallirhoe bei Eleusis einen Tempel zu bauen. Dort wollte sie, fern von den Göttern, um ihre Tochter trauern.

Nun war aber die Erde in all diesen Jahren zu einer Wüste geworden, in der Menschen und Tiere verhungerten. Nur in der Umgebung von Eleusis war noch etwas Grün zu finden, doch alle glaubten, daß bald auch diese Gegend veröden würde.

Zeus sah, wie es um die Welt bestellt war, und erkannte, daß er etwas tun mußte. Er entschied, daß Persephone die eine Hälfte des Jahres zurückkehren und bei ihrer Mutter leben solle und die andere bei Pluton in der Unterwelt.

Und so geschah es auch...

Seit jener Zeit sind im Frühling und im Sommer Berge und Täler grün. Die Erde legt ihr Festtagskleid an, und alle Natur freut sich, weil Persephone in diesen beiden Jahreszeiten an der Seite ihrer Mutter lebt. Demeter ist glücklich und trägt dafür Sorge, daß alles blüht und gedeiht. Doch wenn Persephone Abschied nimmt, kommt der Herbst, und die Bäume verlieren ihre Blätter. Wird es dann Winter, liegen Wald und Feld öde und verlassen da, und Demeter ist untröstlich, daß ihre einzige Tochter fern vom Tageslicht in der tiefen Finsternis des Hades leben muß.

So geht es seither immer weiter. In jedem Frühjahr heißt Demeter ihre Tochter willkommen, und ihr Glück beflügelt sie, sich ihrer wichtigen Aufgabe zu widmen und das schwere Leben der Menschen zu erleichtern.

Triptolemos in Skythien

Doch nicht überall auf der Welt hatten die Menschen

gelernt, das Land zu bewirtschaften. In entlegeneren Teilen der Erde fristeten sie noch immer ihr Dasein auf primitivste Weise wie in der Vergangenheit.

Dies war auch in Skythien der Fall, das zu jener Zeit von König Lynkos regiert wurde. Demeter beschloß, einen Helden in dieses Land zu entsenden, der, allen Gefahren zum Trotz, den Menschen den Ackerbau und somit die Zivilisation bringen würde. Sie erwählte Triptolemos, den ältesten Sohn von König Keleos, denn er war für diese Aufgabe der geeignetste Mann.

Die Göttin suchte das beste Saatgut für Triptolemos aus und schenkte ihm einen geflügelten Wagen mit zwei Drachen, die ihn vor Übeltätern schützen sollten. So machte sich der junge Mann guten Muts auf den Weg in das ferne Land der Skythen, und sein eigenes, tapferes Herz war ihm der beste Schutz.

Tatsächlich geriet Triptolemos viele Male in große Gefahr. Mit dem Schwert in der Hand bestand er jedoch alle Abenteuer und lehrte die Skythen schließlich den Ackerbau, so daß auch in ihrem Land allmählich Frieden einkehrte.

König Lynkos aber fand keine Ruhe. Er beneidete Triptolemos um seinen Erfolg und beschloß, ihn zu töten und danach in ganz Skythien die Kunde zu verbreiten, daß er selbst es gewesen sei, der den Ackerbau eingeführt habe.

Doch wie konnte er Triptolemos beseitigen, wo doch dieser bisher mit allen Männern fertiggeworden war, die der König auf ihn angesetzt hatte? Endlich beschloß er, die ruchlose Tat selbst auszuführen. Und damit es ihm nicht genauso erging wie den anderen, wollte er Triptolemos im Schlaf überraschen. Das war indessen leichter gesagt als getan, denn der Held wurde Tag und Nacht von den beiden geflügelten Drachen bewacht, die ihm Demeter gegeben hatte.

Lynkos verfiel auf einen teuflischen Plan. Er lud Triptolemos in seinen Palast ein, wo er ein glänzendes Festmahl mit erlesenen Weinen für ihn bereithielt. Voll falscher Freundlichkeit dankte er ihm für die unschätzbaren Dienste, die er Skythien erwiesen hatte, und führte ihn dann in eines der Gemächer des Palastes, damit er dort die Nacht verbringen könne.

Als Triptolemos in tiefem Schlaf lag, schlich sich Lynkos mit einem spitzen Dolch in der Hand zu ihm...

«Vorzüglich, der Plan ist gelungen», dachte der König, doch in dem Augenblick, da er den Dolch hob, fühlte er sein Handgelenk wie von einem Schraubstock umfangen. Das Messer fiel zu Boden. Lynkos wandte sich erschrocken um und stand Demeter Auge in Auge gegenüber.

«Lynkos, dein Schicksal ist besiegelt», rief die Göttin mit lauter Stimme. «Du sollst ein Schwein sein und als Schwein sterben.» Augenblicklich wurde der König in einen wilden Eber verwandelt, der erschrocken in den Wald flüchtete, während Triptolemos Skythien unbeschadet verließ, um den Ackerbau, Demeters wertvolles Geschenk für die Menschheit, noch in andere Länder zu tragen.

Von nun an wagte es niemand mehr, Hand an den kühnen Helden zu legen, der unter dem Schutz der Göttin stand.

Erysichthon fällt mutwillig Bäume

Demeters Aufgabe war heilig, und jeder, der ihr entgegenwirkte oder das Werk der Göttin zu zerstören suchte, mußte streng bestraft werden. Die härteste Strafe aber traf Erysichthon, den König von Thessalien, der mutwillig Bäume fällte.

Dies ist ein Mythos, der auch in unserer Zeit nichts von seiner Bedeutung eingebüßt hat. Die Wälder waren in jenen Tagen nicht minder wertvoll als heute. Einen Baum zu fällen galt als böse Tat, denn die Menschen glaubten, daß in jedem Baum eine Dryade wohnte, eine Nymphe, deren Leben mit dem ihres Baumes endete. Wer einen Baum schlagen wollte, mußte dieses Vorhaben sorgsam abwägen, denn die Dryaden standen unter Demeters Schutz. In Griechenland gab es niemanden, der das nicht gewußt hätte, so war es gewiß auch Erysichthon bekannt, denn als König mußte er über die Wünsche der Götter nur um so besser unterrichtet sein. Während es also eigentlich seine Aufgabe gewesen wäre, die Wälder zu schützen, ließ er sich von einer zügellosen Prunksucht hinreißen und fällte ohne Skrupel Bäume, nur um sich einen neuen Palast zu bauen.

Das Maß war voll, als er eine hundertjährige Eiche aus dem Weg räumen wollte, die am Rand des heiligen Haines majestätisch die Zeiten überdauert hatte.

Als der König mit seiner Gefolgschaft am Eingang des Haines angelangt war, standen die Männer schweigend und nachdenklich vor dem heiligen Baum. Endlich trat der älteste unter ihnen mit folgenden Worten an den König heran:

«Mein Herr und Gebieter, habt Ihr nicht dem Wald schon genügend Schaden zugefügt? Und alles nur, um einen neuen Palast zu errichten, während doch der alte noch schön genug ist. Hört, was ich Euch zu sagen habe: Das Schöne wird von allen Menschen verehrt, der Prunk hingegen nicht. Versucht, das zu verstehen, und laßt diesen Baum stehen. Um Euer selbst willen, habt Mitleid mit der Dryade, die in ihm lebt, denn Demeter...»

Erysichthon fiel ihm ins Wort: «Behalte deinen Rat für dich, Alter, und denke nicht, daß dein weißes Haar dir Narrenfreiheit gibt. Was kümmern mich Demeter und die Dryaden? Ich stehe unter dem Schutz mächtigerer Götter!»

Er hielt einen Augenblick inne und fuhr dann aufgebracht fort: «Auch wenn Demeter selbst in dieser Eiche lebte, würde ich den Baum abholzen.» Mit diesen Worten riß er einem Sklaven die Axt aus der Hand und begann, wie rasend auf die edle Eiche einzuschlagen. Aber plötzlich geschah etwas, was wie ein Wunder anmutete. Aus dem verletzten Stamm rann Blut. Alle erstarrten vor Schreck, und ein Sklave versuchte, den König zurückzuhalten. Wutentbrannt wandte sich Erysichthon um und schlug den Mann nieder, wobei er rief:

«Hier, du Hund, ich will dich lehren, mir mit Demeter zu drohen!»

Dann hieb er wieder auf den Baum ein, bis dieser endlich zu Boden stürzte und die Dryade in ihm starb.

Nun verhielt es sich aber so, daß sich diese Dryade in

dem Hain größter Beliebtheit erfreute. Ihre Schwestern liefen dann auch bald unter Tränen zu Demeter, um ihr von der schrecklichen Begebenheit zu erzählen.

«Was hat er nur getan, dieser Unmensch», riefen sie, «du hättest hören sollen, wie er dich, die mächtige Göttin, schmähte! 'Auch wenn Demeter selbst in dieser Eiche lebte, würde ich den Baum abholzen' schrie er und 'Du Hund, ich will dich lehren, mir mit Demeter zu drohen!' - Mit diesen Worten erschlug er den armen Sklaven, dann fällte er den Baum, und wir verloren unsere liebste Gespielin.»

Als die Göttin diese Worte vernahm, flammte heller Zorn in ihr auf, und es kam ihr sofort eine Strafe in den Sinn, die dem scheußlichen Verbrechen angemessen war. Nun war es an Erysichthon, bemitleidet zu werden, wenn freilich ein solcher Mensch überhaupt Mitleid verdiente.

Seine Strafe war folgende:

Demeter befahl einer Dryade, zur Göttin des Hungers in den fernen Kaukasus zu gehen und ihr eine Botschaft zu übermitteln. Sie solle sich auf Geheiß der Demeter zu Erysichthon begeben und ihm einen unstillbaren Heißhunger einhauchen.

In Windeseile erreichte die Dryade den Kaukasus. An einem kahlen Berghang, an dem es nur Steine und Dornen gab, fand sie die Göttin des Hungers in einer Höhle.

Die Hungergöttin war bis auf die Knochen abgemagert, ein schwarzes Gewand verhüllte ihre hagere Gestalt. Zottiges Haar umrahmte ihr bleiches Antlitz, aus dem tief in den Höhlen liegende Augen starrten. Die Dryade prallte vor Schreck zurück, als sie sie erblickte, nahm dann jedoch ihren ganzen Mut zusammen und brachte ihr Anliegen vor.

Die Göttin des Hungers befolgte Demeters Befehl sofort.
Unverzüglich brach sie auf und ließ sich von einem Wirbelwind zum Palast des Erysichthon tragen. Da es bereits
Nacht war, traf sie den König in tiefem Schlaf an. Sie
breitete ihre Schwingen über ihn aus und blies ihm ihren
giftigen Atem ins Gesicht. Damit war schon alles getan,
und die Göttin verschwand ebenso schnell, wie sie gekommen war.

Dann geschah etwas Merkwürdiges. Obgleich Erysichthon noch schlief, begann sich sein Mund zu öffnen und zu
schließen. Er sah Speisen im Traum und begann zu kauen
und zu schlucken, obwohl er doch gar nichts im Mund
hatte.

Plötzlich erwachte der König mit einem entsetzlichen
Hungergefühl. Auf der Stelle weckte er seine Diener und
herrschte sie an, alles Eßbare von Land, Luft und Meer
herbeizuschaffen und ihm aufzutragen.

Erysichthon schlang die Speisen hinunter, ohne auch nur
einen Augenblick innezuhalten, doch je mehr er aß, desto
mehr plagte ihn der Hunger. Seine Diener trugen Berge von
Essen herbei, doch bei jeder Schüssel rief er nur, es sei zu
wenig, und schickte die Männer aus, um noch mehr zu
holen. Nahrungsmittel, die ausgereicht hätten, um ganze
Völkerstämme satt zu machen, konnten ihn nicht zufrieden-
stellen. Je gieriger er kaute und schluckte, um so quälender
wurde sein Hunger. Sein Magen war wie ein bodenloses
Faß. Je mehr er sich bemühte, ihn zu füllen, desto leerer
erschien er ihm. Ein unstillbarer Heißhunger zerfleischte

seine Eingeweide und trieb ihn bis an die Grenzen des Wahnsinns. Auf diese Weise verschwand des Königs ganzes Vermögen in seinem Magen, ohne daß es ihm gelungen wäre, das Feuer zu löschen, das in seinem Inneren brannte. Als er endlich all sein Hab und Gut verschlungen, sein Königreich und seine Gefolgschaft verloren und seinen letzten Sklaven verkauft hatte, blieb ihm nur noch seine Tochter Mestra, ein gutherziges Mädchen, das sicherlich einen besseren Vater verdient gehabt hätte.

Mestra war so schön, daß sich einst sogar der Meeresgott Poseidon in sie verliebt hatte. Jetzt wurde sie von ihrem eigenen Vater verkauft, da dieser unfähig war, seinen Heißhunger länger zu ertragen. Auf dem Weg in die Sklaverei bat Mestra jedoch Poseidon um Hilfe, und der Meeresgott, der sie immer noch liebte, verlieh ihr die Gabe, jede gewünschte Gestalt anzunehmen. So verwandelte sie sich in einen Vogel und flog unverzüglich zu ihrem Vater zurück. Dieser verkaufte seine Tochter erneut. Sie nahm die Gestalt eines Pferdes an und kehrte abermals zurück. Wieder verkaufte er sie. Mestra verwandelte sich in eine junge Kuh, einen Hirsch... Und so ging es fort, bis sie am Ende ein Reh war und auf dem Rückweg nicht über einen Fluß kam, der Hochwasser führte.

Da konnte Erysichthon nicht länger an sich halten. Heißhungrig fiel er über seinen eigenen Körper her und starb eines grauenvollen Todes.

So wurde bestraft, wer mutwillig Bäume fällte, so schützte Demeter ihr Werk oder, anders gesagt, so schützten die Menschen die Wälder. Indem sie sich durch einen

Mythos verdeutlichten, daß demjenigen, der sie abholzt, der Hungertod droht.

Doch die meisten Menschen liebten die Bäume und die grünen Felder, die sie im Schweiße ihres Angesichts bestellt hatten. Sie liebten und verehrten Demeter und glaubten, daß sie ihr die reichen Gaben der Natur zu verdanken hätten. Um sie zu erfreuen, veranstalteten sie große Feste wie die Mysterien von Eleusis. Hier begrüßten sie in jedem Jahr Persephone mit einem ausgelassenen Frühlingsfest und feierten so die Rückkehr der warmen Jahreszeit. Auf diese Weise teilten sie Demeters Glück, bevor sie sich frohen Mutes an ihre Feldarbeit begaben, wie es sie die Göttin des Ackerbaus gelehrt hatte.

ARTEMIS

Eine stolze Göttin

Wenn sich Zeus in jener Zeit des Nachts zur Ruhe begab und der Mond voll und rund am sternklaren Himmel stand, zog eine Schar anmutiger Nymphen durch die Wälder. Ein großes Mädchen mit geschmeidigem Körper war die schönste von ihnen. Die Nymphen gehorchten ihrem Befehl, und wenn sich die fröhliche Schar auf einer Waldlichtung vergnügte, erwies sie sich auch als die beste Sängerin und Tänzerin von allen. Es war Artemis, die Göttin der mondhellen Nächte, die jungfräuliche Königin der Wälder.

Sie trug ein kurzes, gegürtetes Gewand, das die göttliche
Anmut ihres Körpers noch betonte, und strahlte im silbernen Schein des Mondes eine ergreifende Schönheit und
Würde aus. Artemis liebte die Jagd über alles, oft trug sie
einen goldverzierten Bogen bei sich, und über ihren Schultern hing ein Köcher mit Pfeilen, die nie ihr Ziel verfehlten.

Die Göttin der mondhellen Nächte war die Tochter des
mächtigen Zeus und der Leto. In einem früheren Kapitel
haben wir gesehen, welche Leiden Leto erdulden mußte,
ehe sie die Zwillinge Artemis und Apollon, den Gott des
Lichtes, zur Welt bringen konnte. Artemis liebte ihre
Mutter und die anderen Götter des Olymp. Sie war kühn
und stolz und bestrafte mit Strenge jeden, der sie oder eine
andere Göttin schmähte. Auch als die beiden gigantischen
Söhne des Aloeus es wagten, sie zu beleidigen, ließ sich
Artemis von deren ungeheurer Kraft nicht abschrecken,
sondern bestrafte sie, wie sie es verdienten.

Otos und Ephialtes, wie sie genannt wurden, wuchsen
jedes Jahr einen Klafter in die Höhe und eine Elle in die
Breite. Im gleichen Maß, wie ihre Körpergröße zunahm,
wuchs auch ihre Kraft, und je mehr Kraft sie hatten, desto
tollkühner wurden sie.

Die Menschen hatten sie ohnehin nie ernst genommen
und aus bloßem Übermut getötet, bald gingen sie aber in
ihrer Unverschämtheit so weit, auch den Göttern des
Olymp zu drohen.

«Wartet nur, bis wir noch ein wenig gewachsen sind»,
sagten sie, «dann werden wir das Ossagebirge auf den
Olymp und das Peliongebirge auf den Ossa türmen und so

den Himmel erreichen. Seht euch nur vor, ihr Götter, wir werden euch Hera und Artemis rauben!»

Die Götter hatten wahrlich allen Grund, das Geschwisterpaar zu fürchten, denn die beiden hatten Ares, den fürchterlichen Kriegsgott, in Ketten gelegt und dreizehn Monate versteckt gehalten. Was sie aber am meisten beunruhigte, war der Umstand, daß die beiden Riesen so gut wie unsterblich waren, da prophezeit war, daß weder Gott noch Mensch sie töten könnte. Sie würden nur dann sterben, wenn sie sich gegenseitig töteten. Doch wie konnte das geschehen, wo sie doch durch ihre ehrgeizigen Pläne enger aneinander gebunden waren als durch die Bande des Blutes?

Artemis hatte sich indessen bald etwas ausgedacht. Eines Tages, als die Söhne des Aloeus auf der Jagd waren, folgte sie ihnen. Die beiden Riesen lagen in kurzer Entfernung voneinander auf der Lauer und warteten auf Beute. Die Göttin fing eine Hirschkuh und ließ sie an einer Stelle frei, von der sie geradewegs zwischen den Brüdern hindurchlaufen mußte. Kaum hatten Otos und Ephialtes das Tier erblickt, als sie beide zugleich anlegten. Mit aller Kraft spannten sie die Bogen, und im nächsten Augenblick schnellten die Pfeile von der Sehne. Die Göttin sorgte dafür, daß sie die Hirschkuh verfehlten, und da das Ziel gerade zwischen ihnen lag, trafen ihre Pfeile mit voller Wucht geradewegs in die Stirn des anderen... Artemis' Plan war geglückt, die beiden Riesen lagen tot vor ihr.

Große Freude herrschte überall, als die Nachricht vom Ende der beiden bekannt wurde, und Artemis' unglaubliche

Tat wurde in Lobliedern gepriesen.

Hippolytos und Phaidra

In Griechenland wurde Artemis auch als Göttin der
Keuschheit verehrt. In Verbindung mit ihrem Namen stand
der Kult um Hippolytos, einen hübschen Jüngling, der sein
Leben der Göttin geweiht hatte und durch seinen Tod zum
Sinnbild von Reinheit und Aufrichtigkeit wurde.

Hippolytos war der Sohn des Heroen Theseus, des Königs von Athen. Seine Mutter, die schöne Amazonenköni-
gin Antiope, hatte bei der Verteidigung Athens tapfer an
Theseus' Seite gekämpft und war in dieser Schlacht gefallen. Theseus heiratete später Phaidra, die Tochter des
berühmten kretischen Königs Minos.

Hippolytos verließ zu dieser Zeit Athen und lebte auf
dem Peloponnes bei seinem Urgroßvater, dem weisen
Pitheus, König von Troizen, der ihn zum Erben seines
Throns machte.

Von seiner Mutter, der Amazone, hatte Hippolytos zwei
Dinge geerbt: die Liebe zu den Pferden und die tiefverwur-
zelte Ehrfurcht vor der Göttin Artemis. Vier stolze Rosse
zogen seinen Wagen, den er mit atemberaubender Geschicklichkeit lenkte. Er nahm an den Olympischen Spielen
teil, und wenn er, hochaufgerichtet in seinem Wagen,
siegreich nach Troizen zurückkehrte, so liefen die jungen
Leute der Stadt zusammen und bereiteten ihm einen Empfang, als wäre er einer der Götter des Olymp.

Weit wichtiger im Leben des jungen Mannes aber war

sein Dienst an der Göttin Artemis, die für ihn das Sinnbild jugendlicher Reinheit war. Er verbrachte den größten Teil seiner Zeit im heiligen Hain der Göttin und war ihr das liebste Wesen auf der Welt. Der Sohn des Theseus war der einzige Mensch, der Artemis traf und mit ihr sprach. Sie jagten zusammen Rehe, Hirsche und Wildschweine, tranken das kristallklare Wasser der Quellen und ritten Seite an Seite durch schattige Wälder. Artemis hegte für Hippolytos eine tiefe schwesterliche Zuneigung, während seine Gefühle für die Göttin von Achtung, Verehrung und Keuschheit geprägt waren.

Aphrodite jedoch, die Göttin der Liebe, fühlte sich durch den Eifer, den Hippolytos bei der Verehrung der Artemis zeigte, beleidigt. Sie konnte es nicht ertragen, ihn an ihrer Statue vorbeigehen zu sehen, ohne daß er jemals stehengeblieben wäre, um eine Gunst zu erbitten oder ihr eine Opfergabe zu weihen.

«Er hat nicht das Recht», dachte sie, «tagaus, tagein nur an ihrer Seite zu reiten. Die Sterblichen sollen alle Götter des Olymp ehren, nicht nur einen von ihnen!» Und sie wartete auf eine Gelegenheit, um sich zu rächen.

Nun kam Hippolytos eines Tages nach Athen, um an einer religiösen Festlichkeit im Palast seines Vaters teilzunehmen. Aphrodite sah, daß seine Stiefmutter Phaidra die geeignetste Person war, um sie als Werkzeug für ihre Pläne zu benutzen. Mit einem Pfeil ihres geflügelten Sohnes Eros ließ sie Phaidra die Liebe zu ihrem Mann vergessen und erweckte in ihr eine leidenschaftliche Sehnsucht nach dem edlen Jüngling. Kaum hatte die Königin von Athen Hippo-

lytos gesehen, als ihr Herz höher zu schlagen begann.
Bestürzt versuchte sie, ihrer Erregung Herr zu werden und
daran zu denken, wie sehr sie ihren Mann verletzen würde,
doch es war ihr unmöglich. Sie hatte sich lediglich soweit
in der Gewalt, Hippolytos nicht anzusprechen.

Als der junge Mann Athen verlassen hatte, konnte Phaidra keine Ruhe finden. Sie vermochte weder zu schlafen
noch zu essen und wurde mager und bleich. Eines Tages
konnte sie es dann nicht länger ertragen und fuhr nach
Troizen, um Hippolytos wiederzusehen. Hier verbarg sie
sich in einem Tempel, dem «Spähertempel Aphrodites»,
wie er seitdem genannt wird, und beobachtete von ihrem
Versteck aus den hübschen Jüngling bei seinen täglichen
Leibesübungen. Sie wagte es jedoch nicht hervorzutreten,
sondern kehrte ebenso heimlich nach Athen zurück, wie sie
gekommen war.

Einige Tage vergingen, und dann fand das große Fest
der Panathenaien statt, zu dem alle Welt nach Athen kam
und Hippolytos, Phaidra und Theseus erneut zusammentra-
fen. Während der Prozession befanden sich Phaidras
Gefühle in Aufruhr, denn der junge Mann ging die ganze
Zeit dicht neben ihr. Als alles vorüber war, eilte sie sofort
in den Palast, in der Hoffnung, hier ihren Seelenfrieden
wiederzufinden. Doch kaum war sie auf der Galerie angelangt, als sie sich schon dabei ertappte, wie sie ihre Augen
über die Menge schweifen ließ, um Hippolytos ausfindig zu
machen.

Gerade in diesem Augenblick wurde unten ein prächtiger schwarzer Hengst vorgeführt, der noch nicht zugeritten

war, weil er bisher niemanden auf seinem Rücken geduldet hatte. Mit sicherer Hand nahm Hippolytos das Pferd beim Zaumzeug und saß mit einem Satz auf seinem Rücken. Das Tier gehorchte seinem Reiter auf der Stelle und fiel in einen leichten Galopp, während die Menge Hippolytos' Geschicklichkeit bewunderte.

Phaidra hatte die Szene vom Palast aus mit angehaltenem Atem verfolgt. Als alles vorüber war und sie den Jüngling allein antraf, beschloß sie in ihrem Elend, sich ihm anzuvertrauen.

«Bleibe in Athen, Hippolytos», bat sie. «Ich will Theseus nicht länger zum Mann. Er hat meine Schwester Ariadne auf der Insel Naxos ausgesetzt und war die Ursache dafür, daß meine Mutter getötet wurde. Möglicherweise wird er auch mich umbringen. Du mußt Rache nehmen, Hippolytos, Aphrodite ist auf unserer Seite. Wenn du dann König von Athen wirst, will ich dir eine treu ergebene Ehefrau und Königin sein.»

Wie wenig kannte doch Phaidra Hippolytos! Wie hätte ein derart verwerflicher Gedanke in einem Herzen Platz finden können, das so rein wie das seine war? Seinen Vater hintergehen, den berühmten Helden Theseus, den selbst die Götter für seine tapferen, edlen Taten bewunderten? Artemis verraten, die treffsichere Bogenschützin, der er sein Leben geweiht hatte? Als ob er je einer solchen Tat fähig wäre!

Hippolytos durchbohrte Phaidra mit einem Blick kalter Verachtung, so daß ihr das Herz stockte. Dann schleuderte er ihr die Worte ins Gesicht:

«Niemals! Schande über dich!»

«Wehe mir, ich bin verloren», murmelte Phaidra mit erstickter Stimme, barg ihr Gesicht in den Händen und lief ins Nebenzimmer, um Hippolytos' Blicken zu entgehen. Der Jüngling mußte währenddessen an seinen Vater denken, für den er tiefes Mitleid empfand.

«Großer Zeus», stieß er endlich hervor, und auf seinem Gesicht spiegelte sich Entschlossenheit wider, «ich schwöre, meinem Vater niemals zu enthüllen, was ich weiß. Mag sie selbst zu der Einsicht kommen, welch furchtbares Verbrechen sie begehen wollte.»

Phaidra war sich durchaus bewußt, daß sie Unrecht getan hatte, doch es mangelte ihr an Kraft, ihre Tat ungeschehen zu machen. So wurde sie von einer Untat zur nächsten, dreimal schrecklicheren, getrieben.

«Niemals! Schande über dich!» flüsterte sie. «Doch du sollst mit mir zugrunde gehen!» Dann zerriß sie ihr Gewand, zerkratzte sich Arme und Hals, brachte ihr Haar in Unordnung und stürzte schreiend aus dem Raum.

Zwischen Hilferufen und unartikulierten Lauten machte Phaidra den unschuldigen Jüngling für das Geschehene verantwortlich. Daraufhin schloß sie sich erneut in ihr Zimmer ein und schrieb Theseus einen Brief, in dem sie Hippolytos den Verrat unterstellte, den sie selbst begangen hatte. Sie befestigte den Brief an ihrem Gewand und erhängte sich am Querbalken der Tür. So beendete sie ihr Leben auf elendige Weise...

Die furchtbare Tat blieb Theseus nicht lange verborgen. Als er den Leichnam seiner Frau sah und ihren Brief

gelesen hatte, fand er keine Worte. Er wollte es einfach
nicht glauben, doch seine Frau war tot, und was sonst sollte
die Ursache dafür sein als der Verrat durch seinen Sohn?

«Wie konnte ich nur so blind sein», rief Theseus, «werft
ihn hinaus, und niemals mehr soll er den Boden Athens
betreten!»

In diesem Augenblick erschien Hippolytos. «Es handelt
sich um einen schrecklichen Irrtum, Vater», sagte er, «ich
bin unschuldig.»

«Heuchler! Du hast vor Artemis ein Keuschheitsgelübde
abgelegt und verrätst nun die Göttin, deinen Vater und
deine Stiefmutter. Du bist schuld an ihrem Tod, du Mörder!
Geh mir aus den Augen, ich will dich nie wiedersehen!»

Hippolytos, der geschworen hatte, Phaidra zu schonen,
wollte die Wahrheit nicht offenbaren. Daher erwiderte er
nur:

«Höre Vater. Ich schwöre bei Zeus einen feierlichen Eid,
daß ich ohne Namen und Ansehen, ohne Heimat und
Familie von Göttern und Menschen verfolgt sein will, wenn
ich einer solchen Tat fähig wäre. Und wenn ich sterbe, soll
mein Leichnam unbestattet bleiben und den Geiern zum
Fraß dienen. Mehr kann ich nicht sagen.»

«Oh ihr Götter, welch schamloser Lügner! Hier liegt die
Tote, da ist der Brief. Alles spricht gegen dich, du Undank-
barer. Hinaus! Ich kann deinen Anblick nicht länger ertragen!»

Hippolytos ging, um die Wahrheit nicht zu verraten. Er
lief sogleich zu den Pferden und spannte an. Mit einem Satz
war er auf dem Wagen, ergriff die Zügel und raste in

wildem Galopp in Richtung Peloponnes davon.

Obwohl sein Sohn nun fort war, steigerte sich Theseus immer mehr in seinen Zorn hinein. «Oh Vater Poseidon, Beherrscher der Meere», rief er, «du hast einst versprochen, mir drei Wünsche zu gewähren, und einen von ihnen äußere ich jetzt: Laß Hippolytos niemals nach Troizen gelangen!»

Unglückseliger Theseus, was hast du nur getan? Warum mußtest du so übereilt handeln, statt den Vorfall in Ruhe zu prüfen und noch eine andere Meinung zu hören? In blindem Zorn hast du deinen Sohn ins Verderben gestürzt.

Und du, armer Hippolytos, kannst deinem Schicksal nun nicht mehr entrinnen. Nie mehr wirst du lorbeerbekränzt in Troizen einfahren, und keines der Mädchen, die mit Freuden deine Frau geworden wären, wird dich je wiedersehen. Nie mehr wirst du an Artemis' Seite über die schattigen Wiesen reiten und der geliebten Göttin eine Rose reichen, denn jetzt wartet nur mehr der Tod auf dich.

Ohne zu ahnen, was ihn erwartete, kam Hippolytos soeben an den Klippen des Skyron vorbei und jagte auf einer engen, schwer befahrbaren Straße zwischen den Bergen und dem Meer dahin. Obwohl sein Herz vor Kummer zu zerspringen drohte, lenkte er das Gefährt mit sicherer Hand über den gewundenen, holprigen Pfad. Da wurde von einer riesigen Welle plötzlich ein abscheulicher Stier an Land gespien, der gräßlich schnaubte und Wasser aus den Nüstern stieß. Die Pferde scheuten, gingen durch und gerieten an den Rand des Abgrundes. Hätte ein anderer als Hippolytos die Zügel geführt, so wäre der Wagen auf der Stelle

...Die Göttin enthüllte dem König von Athen die ganze Wahrheit, woraufhin dieser weinend an der Seite seines Sohnes niederkniete...

die felsige Küste hinabgestürzt. Doch einen Wagenlenker wie ihn gab es kein zweites Mal auf der Welt. Er zog mit einem Ruck die Zügel an und bog seinen Körper zurück wie ein Ruderer in einem Boot. Auf diese Weise gelang ihm das schier Unmögliche, er riß die scheuenden Pferde auf die ebene Straße zurück. Der schnaubende Stier nahm die Verfolgung auf, und die Pferde verfielen in einen rasenden Galopp. Hippolytos brachte es unter Einsatz all seines Könnens fertig, sie auf dem halsbrecherisch schmalen Pfad zu halten, und bald hatte er die Klippen des Skyron hinter sich gelassen, ohne daß es dem von Poseidon ausgesandten Meerungeheuer gelungen wäre, ihn in den Abgrund zu drängen. Das Gefährt jagte nun auf den Golf von Korinth zu, als Hippolytos ein alter, knorriger Olivenbaum zum Verhängnis wurde. Eine Schlinge der Zügel, die im Fahrtwind flatterte, blieb an einem trockenen Ast des Baumes hängen, und dann war in einem Augenblick alles vorüber. Die Pferde wurden in die Luft geschleudert, der solide Wagen zerschellte an den Felsen in tausend Stücke, Hippolytos verfing sich in den Zügeln und wurde über das Gestein zu Tode geschleift... Bevor er seinen letzten Atemzug tat, erschien Artemis auf ihrem göttlichen Wagen, und Theseus stand an ihrer Seite. Voller Schmerz enthüllte die Göttin dem König von Athen die ganze Wahrheit, woraufhin dieser weinend an der Seite seines Sohnes niederkniete.

Da hob der edle Jüngling mit letzter Anstrengung seinen Kopf und sagte:

«Weine nicht, Vater. Es ist nicht deine Schuld, man hat dich getäuscht. Ich werde dich auch von der Unterwelt aus lieben.»

Das waren seine letzten Worte...

Artemis nahm den Leichnam des Jünglings und begrub ihn im heiligen Hain von Troizen, eben dort, wo sie so oft mit Hippolytos zusammengetroffen war.

Der Kummer über den Verlust seines Sohnes und der Gedanke, daß er ihm nichtwiedergutzumachendes Unrecht angetan hatte, zerriß Theseus fast das Herz. Er begab sich in den Hain und bezeichnete die Stelle für ein Heiligtum. Schon nach kurzer Zeit erhob sich neben dem Grab des Hippolytos ein schlichter, schöner Tempel, in dem der Jüngling wie ein Gott verehrt wurde. Alle jungen Leute von Troizen brachten vor der Hochzeit eine Locke ihres Haares, um sie dem Sohn des Theseus zu weihen, der sterben mußte, obwohl er frei von jeder Schuld war. Diese Geste sollte zeigen, daß sie selbst rein in die Ehe gingen.

So lebte Hippolytos im Gedächtnis der Bewohner von Troizen fort. Niemals wollten sie glauben, daß er tot sei. «Wie wäre es möglich», wandten sie ein, «daß Hippolytos von seinen eigenen Pferden getötet wurde? Nein, das ist undenkbar, Hippolytos lebt. Artemis hat ihn in den Himmel mitgenommen und als Wagenlenker unter die Sterne gesetzt.» Das Grab des Hippolytos zeigten sie niemandem. In der Nacht aber deuteten sie auf ein Sternbild am Himmel und sagten: «Dort ist er.» Und seitdem trägt dieses Sternbild den Namen «Fuhrmann»...

Aktaions trauriges Geschick

Doch es gibt noch einen anderen Mythos, der davon berichtet, wie ein unschuldiger Jüngling den Tod findet... Und war es eben noch Aphrodite, die Hippolytos ins Verderben stürzte, so wird man gleich sehen, daß auch Artemis grausam handeln konnte.

Seit der Schreckensherrschaft des Kronos gab es ein Gesetz, daß jeder Mensch sterben müsse, der einen Gott gegen dessen Absicht zu Gesicht bekäme.

Dieses grausame Gesetz wurde von Artemis mit ungerechtfertigter Härte auf den jungen Aktaion angewandt, der das Pech hatte, die Göttin beim Baden zu überraschen...

An einem heißen Sommertag zog Artemis mit einer Schar von Nymphen durch die Wälder. Erhitzt suchte sie nach einer Möglichkeit, sich zu erfrischen. Nun badete die Göttin aber niemals im Freien, da sie fürchtete, daß sie jemand beobachten könne. Und tatsächlich hatte sie bis zu jenem Tag noch niemand, weder Gott noch Mensch, beim Bade gesehen.

Artemis führte ihre Gespielinnen zu einem unterirdischen See, der sich in einer Höhle hoch oben auf den dicht bewaldeten Hängen des Kithairongebirges befand. Sie legten ihre Kleider auf den Felsen ab und liefen in das kristallklare Wasser hinein, allen voran Artemis, die übermütig umhertollte wie ein kleines Kind. Die Nymphen taten es ihr gleich, und bald tummelten sich alle vergnügt im kühlen Naß.

Zur gleichen Zeit streifte zufällig eine Gruppe von Jägern durch den Wald. Unter ihnen war auch Aktaion, der hübsche Königssohn von Theben. Er war den anderen vorausgeeilt, und hielt nach einer Quelle Ausschau, da er sehr durstig war. Plötzlich erblickte er den Eingang einer Höhle.

Es war eben jene Höhle, in der sich Artemis aufhielt. Der Prinz ließ seine Hunde draußen und betrat die Höhle auf der Suche nach Wasser. Als er einige Schritte gegangen war, hörte er die Geräusche der Badenden und blieb nachdenklich stehen.

«Nein, Aktaion, geh nicht weiter», schien ihm eine innere Stimme zu raten, «wer weiß, wer in der Höhle ist, denk an das Gesetz des Kronos.»

Doch Aktaion ging weiter, und als er um einen Felsen bog, stand er plötzlich vor den Göttinnen.

In diesem Augenblick kam Artemis aus dem Wasser. Ihr geschmeidiger Körper leuchtete im Dämmerlicht der Höhle in unsäglicher göttlicher Schönheit, der Schönheit der Artemis, die noch nie jemand erblickt hatte.

Zwei Nymphen entdeckten den Königssohn von Theben zuerst und schrien erschrocken auf. Artemis wandte sich verwundert um und sah Aktaion in einiger Entfernung stehen. Vor Scham und Wut errötete sie über und über und erschien dadurch nur um so schöner. Die Nymphen liefen herbei, um die Göttin vor den Augen des Jünglings zu verbergen, doch das Unglück war schon geschehen. Artemis fühlte sich so sehr in ihrer Würde verletzt, daß Aktaions Schicksal besiegelt war. Sie verwandelte ihn auf der Stelle in einen Hirsch.

Der Königssohn wandte sich zur Flucht, doch als er aus
der Höhle kam, setzten ihm seine eigenen Hunde nach.
Aktaion wollte ihnen zurufen, ihm kein Leid anzutun, da ja
das Wild, das sie jagten, ihr eigener, geliebter Herr war.
Aber er war der menschlichen Sprache nicht mehr mächtig,
und die Hunde fielen über ihn her und schlugen ihm ihre
Zähne in die Kehle. Die Ironie des Schicksals wollte es,
daß sie später dann Aktaion suchten, um ihm ihre reiche
Beute zu Füßen zu legen...

Als die anderen Jäger Aktaions Abwesenheit bemerkten,
machten sie sich auf die Suche nach ihrem Freund, was
natürlich vergeblich war. Müde und ohne jede Hoffnung
warfen sie am Abend den erlegten Hirsch über den Rücken
eines Pferdes und schlugen die Straße nach Theben ein.
Wie hätten sie auch ahnen können, daß das Tier Aktaion
selbst war, der einzige unter Göttern und Menschen, der
Artemis nackt gesehen hatte.

Artemis' Strafen waren gefürchtet, daher gaben die
Menschen wohl acht, daß sie sich so verhielten, wie es die
Göttin gebot.

Im attischen Brauron fanden alle fünf Jahre große Festlichkeiten statt, die folgenden Vorfall zum Anlaß hatten:

Einst pflegte ein zahmer Bär durch die Straßen von
Athen zu streifen, und die Einwohner der Stadt betrachteten
ihn als heilig, weil er unter dem Schutz der Artemis stand.
Er wurde von allen umsorgt und gefüttert und war der beste
Freund der Kinder, die mit ihm spielten und ihn zuweilen
auch neckten, ohne daß er je seine Geduld verloren oder
einem von ihnen etwas zuleide getan hätte.

Eines Tages aber trieb es ein kleines Mädchen zu weit, es trat und kniff den Bären und ergriff schließlich einen Stock, mit dem es auf ihn einschlug, wo immer es ihn traf. Da verlor das Tier am Ende seine Langmut, stürzte sich auf das Kind und erdrückte es.

Als die Brüder des Mädchens von dem schrecklichen Ereignis erfuhren, töteten sie, ohne viel nachzudenken, das heilige Tier, das unter dem Schutz der Artemis stand.

Nach diesem Vorfall kam großes Unglück über die Stadt. Eine entsetzliche Krankheit forderte unzählige Opfer...

Da sandten die Athener Boten aus, um das Orakel um Rat zu befragen. Sie erhielten die Antwort, daß sie ihre Töchter der Artemis in der Gestalt einer Bärin weihen müßten. Dies war der Ursprung der attischen Festspiele zu Ehren der Brauronischen Artemis, einer schönen Zeremonie, die alle fünf Jahre stattfand. Die Athener kleideten ihre Töchter zwischen fünf und zehn Jahren in Gewänder von der Farbe eines Bärenfells und schritten mit ihnen in einer langen Prozession zum Tempel der Göttin in Brauron. Hier opferten sie Artemis eine Ziege oder ein Kalb, und die Priesterinnen segneten die kleinen «Bärinnen».

Nach der Zeremonie liefen die Kinder zum Spiel auseinander, und die Ebene von Brauron füllte sich mit Mädchen in Bärenkleidung, die unter fröhlichem Geschrei auf dem frischen Gras umhertollten.

Nur mit großer Mühe konnten die Eltern sie später zum Aufbruch bewegen, denn der Heimweg nach Athen war weit.

HEPHAISTOS

Ein verkrüppeltes Kind wird geboren

Kehren wir noch einmal in jene ferne Vergangenheit zurück, als die Göttin Hera den mächtigen Zeus heiratete und Königin des Himmels wurde.

Der Tag war nun nicht mehr fern, da sie ihr erstes Kind zur Welt bringen sollte, und sie war über alle Maßen glücklich, denn sie zweifelte nicht daran, daß sie einem Sohn das Leben schenken würde, auf den seine Eltern und die anderen Götter des Olymp stolz sein konnten.

Statt dessen gebar sie jedoch Hephaistos, ein Kind, das so verkrüppelt und häßlich war, daß sie es, kaum daß sie es erblickt hatte, bei einem seiner mißgestalteten Füße packte und...

Es fällt schwer, es auszusprechen, denn daß eine Mutter ihr eigenes Kind verstößt, erscheint wahrhaftig unvorstellbar. Zu jener Zeit war es das aber keineswegs. Es lohnt sich an dieser Stelle, unsere Erzählung für eine Weile zu unterbrechen, um Verständnis für eine Tat zu finden, die uns heute widernatürlich und frevelhaft erscheint, damals allerdings als durchaus richtig und vernünftig galt.

Wenn wir einen Abstecher in die Geschichte machen, so werden wir sehen, daß im alten Sparta Frauen, die ein mißgebildetes Kind geboren hatten, gezwungen waren, den Säugling ins Taygetosgebirge zu bringen und ihn dort in die fürchterliche Kaiasschlucht zu werfen. Wie immer es auch um ihre mütterlichen Gefühle bestellt sein mochte, kam es ihnen doch niemals in den Sinn, daß ihr Handeln falsch sein könnte. Ganz im Gegenteil, sie glaubten, daß sie ihre Pflicht gegenüber der Heimat erfüllten, die auserwählte, starke Krieger benötigte. Auch war dieser harte Brauch nicht über Nacht eingeführt worden, sondern existierte schon lange vorher. Sparta als kriegerischer Stadtstaat hatte ihn lediglich länger beibehalten.

Wie wir schon gesehen haben, lebten die Menschen jener Zeit noch wie wilde Tiere im Wald und waren in ihrem Kampf um die nackte Existenz ständig in kriegerische Auseinandersetzungen verwickelt. Sie brachten viele Kinder zur Welt, von denen jedoch nur wenige am Leben blieben, und die geringsten Überlebenschancen hatten nun einmal mißgebildete Kinder. Daher galt es nicht als Verbrechen, diese Kinder zu töten, sondern man glaubte, nach dem Willen der Götter zu handeln.

Es war ein hartes Leben für die Menschen jener Zeit, deshalb ist es nicht verwunderlich, daß uns heute auch ihre Bräuche und ihre Mythen hart erscheinen. Sie selbst empfanden sicherlich nicht so.

Kehren wir jedoch zu unserer Geschichte zurück. Als Hera sah, daß sie ein häßliches, verkrüppeltes Kind geboren hatte, fühlte sie sich so in ihrem Stolz verletzt, daß sie zornig wurde, es bei einem seiner Beine packte, zweimal um ihren Kopf schwang und vom Olymp schleuderte. So groß war ihre Kraft, daß das arme Kind einen ganzen Tag und eine ganze Nacht über Länder und Meere dahinflog. Im Morgengrauen des zweiten Tages stürzte es dann in den Ozean und sank in seine bodenlosen Tiefen hinab. Hier wäre der Säugling zweifellos ertrunken und für alle Zeiten verloren gewesen, hätte es sich nicht um den unsterblichen Hephaistos, den Gott des Feuers und der Schmiedekunst, gehandelt.

Die Meeresgöttinnen Thetis und Eurynome nahmen sich des kleinen Hephaistos aus Mitleid an. Er wuchs in einer blauen Grotte heran, und wurde, obgleich häßlich und hinkend, zu einem arbeitsamen, gutherzigen Gott, der die beiden Göttinnen, die ihn aufzogen, von Herzen liebte.

Hephaistos erlangt die Macht über das Feuer

Man hätte meinen können, daß Hephaistos, der im feuchten Element unter der Obhut zweier Meeresgöttinnen aufwuchs, auch ein Gott des Meeres geworden wäre. Statt dessen wandte er sich dem gerade entgegengesetzten Element zu.

Hephaistos' Liebe zum Feuer begann auf folgende Weise:

Als er eines Nachts aus dem Meer stieg, sah er feuerspeiende Berge vor sich. Er befand sich an der Küste der Insel Lemnos, die in jener Zeit viele Vulkane besaß. Hephaistos war von dem Naturschauspiel, das sich ihm in der Dunkelheit bot, fasziniert. Er näherte sich dem größten der Vulkane und bewunderte ihn in seiner elementaren Gewalt. Als er sah, wie die Flammen zum Himmel emporschlugen und die glühende Lava die Berghänge hinabbrann, wurde er nachdenklich und fragte sich, ob er womöglich das Feuer nutzen könne, um kunstvolle und nützliche Dinge aus Metall herzustellen.

«Ich will es versuchen», dachte Hephaistos entschlossen. «Die geschmolzene Lava zeigt mir, wie ich es anfangen muß. Es wird sicher nicht einfach sein, aber ich werde es schaffen.» Und mit Eifer machte er sich ans Werk.

Er begann immer wieder von neuem, mühte sich verbissen und vergoß viel Schweiß, bis ihm am Ende gelang, was er sich vorgenommen hatte. Dann richtete er sich auf Lemnos eine Werkstatt ein, wo er nun Tag für Tag schweißgebadet am Schmiedefeuer stand und auf das rotglühende Metall einschlug.

Viele Stunden brachte der hinkende Gott in seiner Schmiede zu. Anfangs erschöpfte ihn die Arbeit, doch schon bald merkte er, daß sie ihm allmählich leichter von der Hand ging. Seine Kräfte wuchsen mit jedem Tag, er wurde breit in den Schultern, sein Oberkörper war jetzt muskulös und die Arme hart wie Stahl. Niemanden gab es auf der Welt, keinen Gott und keinen Riesen, der so starke Arme wie der Gott des Feuers besaß. Seine Beine blieben indessen schwach und konnten den schweren, kräftigen Körper nur mit Mühe tragen. Während andere Götter Flügel an den Füßen trugen, humpelte er an einem Stock daher.

Doch Hephaistos kümmerte das nicht, er lebte allein für seine Arbeit. Bald gab es keinen Handwerker auf der Welt, der sich mit ihm messen konnte. Mit großer Geschicklichkeit schuf er wahre Kunstwerke aus Eisen und Bronze, Silber und Gold.

Der goldene Thron

Als der Schmiedegott eines Tages die wundervollen Dinge betrachtete, die er mit Hilfe des Feuers hergestellt hatte, kamen ihm Thetis und Eurynome in den Sinn, und er beschloß, ihnen eine Freude zu bereiten.

So nahm er Gold, Silber und glänzende Edelsteine und fertigte den herrlichsten Schmuck an, den die Welt je gesehen hatte. Er machte ihn den beiden hilfreichen Göttinnen zum Geschenk, um ihnen für alles zu danken, was sie in der Vergangenheit für ihn getan hatten.

Bei einem Fest auf dem Olymp sah Hera, die Mutter des Hephaistos, Thetis eines dieser Schmuckstücke tragen. Es ging ein Glanz von ihm aus, heller noch als das Feuer selbst.

«Welch wundervoller Schmuck!» rief Hera, als Thetis auf sie zukam, um sie zu begrüßen. «Wenn es auf Erden einen so großen Künstler gibt, wie kommt es dann, daß ich noch nicht von ihm gehört habe? Sicherlich wirst du mir seinen Namen nicht verheimlichen wollen, liebe Meeresgöttin?»

Nun konnte Thetis der Herrin des Olymp nicht gut die Auskunft verweigern. Sie sah sich also gezwungen zuzugeben, daß es niemand anders als Hephaistos gewesen war, der ihr den Schmuck und noch viele Kostbarkeiten geschenkt hatte, eine schöner als die andere.

«Ich denke, du kennst Hephaistos», schloß Thetis mit einem spöttischen Lächeln. «Er hat ein gutes Herz. Geh nur zu ihm, ich bin sicher, daß er auch für dich gern etwas macht.»

Während Hera noch unschlüssig war, ob sie zu Hephaistos gehen sollte oder nicht, dachte der Schmiedegott auf der fernen Insel Lemnos bereits an seine Mutter, die ihn einst vom Olymp geworfen hatte, und beschloß, ihr eine Überraschung zu bereiten. Die Augen des erfindungsreichen Gottes leuchteten bei dem Gedanken, der ihm in den Sinn gekommen war, und er machte sich ohne Zögern an die Arbeit. Kraftvoll entwich die Luft aus den Blasebälgen und entfachte die Glut, so daß das Metall zu glühen begann.

Klirrend fuhr der Hammer auf den Amboß nieder, gleißende Funken versprühend, und im Schein des Feuers glänzte der nackte Oberkörper des schwer arbeitenden Gottes vor Schweiß. Die Muskeln seiner mächtigen Arme traten hervor, während Hephaistos unermüdlich das weiche Metall schmiedete. Stunde um Stunde vergingen so, bis am Ende ein prächtiger Thron aus purem Gold, geschmückt mit den kostbarsten Edelsteinen, im Halbdunkel der Schmiede schimmerte. Stolz betrachtete der Gott des Feuers sein Werk. Niemals hatte die Welt einen Thron wie diesen gesehen.

Der Thron schien fertig, doch Hephaistos hatte seine Arbeit noch nicht beendet. Erneut betätigte er die Blasebälge und entfachte die Glut, dann nahm er mit einem listigen Funkeln in den Augen eine große Zange und hob mit ihr etwas Schweres aus dem Feuer, das er auf den Amboß legte. Es war jedoch nichts zu sehen. Nun packte er den Vorschlaghammer und ließ ihn mit gleichbleibender Wucht auf den Amboß niedersausen, so als ob er etwas schmiedete.

Und in der Tat war es eben dies, was Hephaistos tat, er bearbeitete ein unbekanntes Metall, das nur er selbst sehen konnte und niemand sonst.

Aus diesem Material fertigte er unzerbrechliche Ketten an, die für alle unsichtbar waren. Als er seine Arbeit beendet hatte, befestigte er sie an dem goldenen Thron und sandte ihn seiner Mutter zum Geschenk...

Hera wußte sich vor Freude nicht zu lassen, als er ihr gebracht wurde, denn sie sah natürlich nur den herrlichen

Thron und nicht die unsichtbaren Ketten. Erhobenen
Hauptes trat sie vor und nahm Platz auf dem Herrschersitz,
der wie geschaffen schien für die Königin der Götter und
Menschen.

Doch o weh! Kaum hatte sie sich niedergelassen, schlossen
sich die unsichtbaren Ketten um sie und hielten sie
gefesselt.

Niemals zuvor hatte man auf dem Olymp solche Schreie
gehört. Die Götter stürzten sogleich herbei, ohne jedoch zu
begreifen, was geschehen war.

«Dieser verwünschte Thron!» schrie Hera.

«So steh doch auf, wenn er dir nicht gefällt», erwiderte
Zeus.

«Zerreißt die Ketten!» kreischte Hera.

«Was für Ketten?» fragten die Götter.

«Die Ketten, die mich an den Thron fesseln!»

«Sie hat den Verstand verloren», meinte nun Zeus.

«Aber seht ihr denn nicht, daß ich angekettet bin?»
fragte Hera verzweifelt.

«Angekettet? Siehst du vielleicht irgendwelche Ketten?»

«Ach, was habe ich nur für ein Kind in die Welt gesetzt», rief Hera. «Nicht nur verkrüppelt und häßlich ist er,
sondern obendrein auch noch voller Grausamkeit und ohne
jegliche Ehrerbietung für seine Mutter!»

«Nun ja, du selbst hast ihn auch kaum besser behandelt»,
entgegnete Zeus. «Reich mir jetzt deine Hand und laß es
damit sein Bewenden haben.»

«Welche Hand? Seht ihr denn nicht, was dieser Böse-
wicht mit mir gemacht hat?»

Da versuchte Zeus, sie bei der Hand zu nehmen, doch er stieß an etwas Hartes. Als er mit den Fingern die Form des unsichtbaren Gegenstandes ertastete, begann er zu begreifen, daß seine Frau tatsächlich mit Ketten an den Thron gefesselt war...

«Die Sache scheint mir doch nicht so einfach», meinte er und wandte sich an die anderen Götter. «Was steht ihr so und schaut! Kommt her und laßt uns sehen, wie wir sie befreien können!»

Zuerst versuchten sie es alle zusammen, dann jeder auf seine Weise. Ares setzte seine furchtbaren Waffen ein, doch das einzige, was er erreichte, war, daß er Hera zu Tode erschreckte und die anderen ihn mit Gewalt vom Thron wegziehen mußten. Die Königin der Götter war mit unsichtbaren, doch unzerbrechlichen Ketten fest an den Thron geschmiedet, und niemand konnte sie befreien.

«Hört meine Meinung», sagte Zeus endlich. «Wer sie angekettet hat, kann sie auch wieder befreien. Hephaistos muß geholt werden, und ich glaube, daß sich Hermes für diese Aufgabe am besten eignet.»

Überaus stolz, daß Zeus ein solches Vertrauen in seine Fähigkeiten setzte, schlüpfte Hermes in seine Flügelschuhe und erreichte Lemnos in Windeseile. Doch seine Reise war umsonst. Obwohl er all seine List aufbot, um Hephaistos dazu zu bewegen, seine Mutter wieder von den Ketten zu lösen oder doch zumindest mit ihm auf den Olymp zu kommen, trafen seine Worte auf taube Ohren.

Unbeirrt fuhr Hephaistos fort, auf den Amboß einzuschlagen, ohne dem Götterboten auch nur die geringste

Aufmerksamkeit zu schenken, so daß dieser endlich unver-
richteterdinge abziehen mußte.

Als die übrigen Götter ihn ohne den Gott des Feuers zurückkommen sahen, waren sie verzweifelt.

«Ihr könnt Hephaistos nicht mit schlauen Worten und
Versprechungen herbeiholen.» Ares, der Gott des Krieges,
sprang auf. «Er versteht einzig und allein die Sprache der
Gewalt. Wartet nur, ich bringe ihn euch an Händen und
Füßen gebunden.»

Ehe sie sich's versahen, hatte er seine schwere Rüstung
angelegt und den Helm aufgesetzt, dann ergriff er die

Waffen, und schon im nächsten Augenblick befand er sich in der Schmiede des Hephaistos. Fürchterlich war Ares anzuschauen, wie er nun auf den Schmiedegott losging, der schweißgebadet am Amboß stand.

«Auf der Stelle kommst du mit mir zum Olymp und befreist deine Mutter!» donnerte der Kriegsgott mit gewaltiger Stimme. «Wenn du mir nicht freiwillig folgst, werde ich dich in Fesseln mitschleppen.»

Kaum hatte Ares diese Worte über die Lippen gebracht, nahm Hephaistos ein loderndes Holzscheit aus dem Schmiedefeuer und ließ es auf seinen Kopf niedersausen, so daß die Funken in alle Himmelsrichtungen sprühten. Der Kriegsgott erschrak so sehr, daß er sein Heil in der Flucht suchte und beschämt auf den Olymp zurückkehrte.

Da griff Dionysos ein. «Ich will ihn euch sanft wie ein Lamm daherbringen», sagte der Gott des Weines in aller Gemütsruhe.

«Ladet den Wein auf und laßt uns gehen!» befahl er seinem Gefolge. Augenblicklich sprangen die Satyrn und die Mainaden auf. Der Erzieher des Dionysos, der dickwanstige Seilenos, band seinen Esel los, und sie luden dem Tier die Weinschläuche auf. Von Wolke zu Wolke reisend, erreichten sie bald die Schmiede des Hephaistos und begannen vor ihrem Eingang mit Tanz und Gesang.

Der Schmiedegott stand wie gewöhnlich schwitzend am Amboß, als er fröhliche Stimmen und Lieder vernahm. Er legte den Vorschlaghammer beiseite, wischte sich den Schweiß von der Stirn und trat vor die Schmiede, um zu sehen, was dort vor sich ging. Als er Dionysos und seine Gefährten in so guter Stimmung sah, brach er in lautes Gelächter aus.

Gutmütig versetzte ihm der Gott des Weines einen Klaps auf den Rücken und reichte ihm einen Kelch kühlen, süßen Weines. Hephaistos trank ihn in einem Zug aus und mischte sich humpelnd und singend unter die Tanzenden.

«Schenkt unserem Freund Hephaistos noch etwas Wein ein», rief Dionysos. Alle füllten ihre Trinkgefäße und liefen damit zum Schmiedegott.

«Hier, nimm auch von mir, Gevatter! Laß dir's wohl sein!» rief ein jeder. Hephaistos wollte niemanden kränken, und er war auch sehr durstig. So kam es, daß er einen Kelch nach dem anderen leerte. Besser als Nektar schmeckte ihm der Wein!

Der Esel atmete auf, denn die Weinschläuche waren leer, doch dann hob man Hephaistos auf seinen Rücken, dessen Bauch von dem vielen Wein, den er getrunken hatte, ganz geschwollen aussah. Er war so betrunken, daß er nicht mehr auf eigenen Füßen stehen konnte.

«Bringt mich, wohin ihr wollt. Heute wird nicht mehr gearbeitet», sagte der Schmiedegott, und die ganze Schar schlug singend und tanzend den Weg zum Olymp ein.

Es dauerte nicht lange, bis sie dort ankamen. Hephaistos torkelte in den großen Saal der Götter und machte seine Späße mit ihnen, bis er seine Mutter erblickte, die noch immer an den Thron gefesselt war. Er dachte nicht mehr an seinen Sturz ins Meer und daß er es ja selbst gewesen war, der sie in diese Lage gebracht hatte, sondern befreite sie. Versöhnt fielen Mutter und Sohn einander in die Arme.

Und es war, als ob nichts geschehen wäre. Von jenem Tag an lebte der hinkende Gott auf dem Olymp, liebte seine Mutter und wurde von ihr wiedergeliebt, mehr als alles auf der Welt. Nun war der goldene Thron zu einem wirklichen Geschenk für Hera geworden, und Schmuck gab es für sie im Überfluß.

Als Zeus sah, daß sich Hera und ihr Sohn miteinander ausgesöhnt hatten, war er darüber so erfreut, daß er entschied, Hephaistos die schönste Frau der Welt zur Gemahlin zu geben, die bezaubernde Aphrodite.

Doch die Göttin der Schönheit und der Liebe paßte nicht

zu Hephaistos und er nicht zu ihr. Der häßliche, hinkende
Mann, der seine Tage am Schmiedefeuer zubrachte und
immer schmutzig und verschwitzt war, gefiel Aphrodite
nicht. So konnte die Göttin, die den Menschen die Liebe
brachte, den eigenen Mann nicht lieben und ihm auch nicht
zur Seite stehen, wie es ihre Pflicht gewesen wäre. Für sie
lag das Glück in der Bewunderung, die ihre Schönheit
hervorrief, für ihn war es seine Arbeit und die Einzigartig-
keit seiner Werke.

Hephaistos war anders als die anderen Götter, denn er
fühlte sich erst glücklich, wenn ein harter Arbeitstag hinter
ihm lag.

Und was für Meisterwerke entstanden unter seinen Händen!

Er richtete sich auf dem Olymp eine Schmiede ein, wo er
den größten Teil seiner Zeit verbrachte. In der Mitte des
Raumes stand der mächtige Amboß, und in einer Ecke
befand sich eine große Schmiedeesse mit glühenden Kohlen. Zwanzig vortreffliche Blasebälge, die er selbst hergestellt hatte, bliesen von allein und entfachten die Glut,
sobald er es wünschte.

Hephaistos liebte seine Schmiede. Es machte ihn glücklich, wenn er sah, wie die Flammen aufloderten und das
Metall rot erglühte. Er wurde seiner Arbeit niemals über-
drüssig, und der dumpfe, rhythmische Schlag des Hammers
war in seinen Ohren göttliche Musik.

Es schien, als seien seinem Können keine Grenzen gesetzt. Vom feinsten Schmuck bis zu den eindrucksvollen
Palästen der Götter des Olymp schuf Hephaistos eine Fülle

unübertroffener Meisterwerke und beschenkte damit
Götter, Halbgötter und einfache Sterbliche.

Der Schild des Achill

Alles, was er herstellte, versah der Gott mit reichem Zie-
rat. Will man seine Kunstfertigkeit in ihrem ganzen Aus-
maß erfassen, braucht man nur die Darstellungen auf dem
Schild des Halbgottes Achill anzusehen, den Hephaistos
anfertigte, als die Göttin Thetis ihn bat, neue Waffen für
ihren Sohn zu machen.

Der Schmiedegott konnte es Achills Mutter niemals vergessen, wie liebevoll sie ihn in seiner Kindheit umsorgt
hatte. Er machte sich also unverzüglich an die Arbeit und
entfachte die Glut mit den Worten:

«Kein menschliches Auge wird diese Waffen erblicken
können, ohne von ihrem Glanz geblendet zu sein.»

Nachdem er einen starken Schild geschmiedet hatte, bedeckte er ihn über und über mit den verschiedensten Darstellungen.

Oben, so beschreibt es Homer, formte der Gott den
Himmel, das Meer, die unermüdliche Sonne und den vollen
Mond. Dann fügte er die Sterne hinzu, die den Himmel
umkränzen, Orion, das Siebengestirn, die Hyaden und
schließlich auch den großen und den kleinen Bären, die
einzigen Sternbilder, die sich auf der Stelle drehen und
niemals hinter dem Horizont verschwinden oder in den
Tiefen des Meeres versinken.

An einer anderen Stelle des Schildes schuf der göttliche

Meister zwei reiche Städte. In der einen findet eine Hochzeit mit einem Festgelage statt. Die Mädchen halten brennende Fackeln und singen, und die Jünglinge drehen sich
tanzend im Kreis. In ihrer Mitte spielen die Musikanten.
Frauen stehen vor den Türen ihrer Häuser und schauen
voller Bewunderung zu. Nach diesen Augenblicken unge-
trübten Glücks zeigte Hephaistos etwas weiter entfernt eine
Gerichtsszene. Zwei Männer streiten um eine Schuld. Der
eine scheint zu sagen, daß er alles bezahlt hat, während der
andere leugnet, jemals etwas erhalten zu haben. Beide
bestehen auf einem raschen Urteil, weil sie meinen, ganz
offensichtlich im Recht zu sein. Die Zuschauer ringsum
gestikulieren heftig und neigen bald der einen, bald der
anderen Seite zu. Im heiligen Kreis thronen die Richter auf
reich verzierten Marmorsitzen. Herolde sorgen für Ruhe
und reichen ihnen dann der Reihe nach den Heroldsstab,
woraufhin sich die Richter nacheinander erheben und ihren
Spruch fällen. Zwei Talente Gold liegen vor ihnen. Es wird
demjenigen gehören, der das gerechteste Urteil fällt.

In der zweiten Stadt, die Hephaistos darstellte, ist Krieg.
Unter ihren Mauern stoßen zwei Heere aufeinander, geführt
vom blutrünstigen Ares und der streitbaren Athene. Eris,
die Göttin der Zwietracht, eilt von einem Lager zum anderen, und auch die Schicksalsgöttin greift in das Geschehen
ein, indem sie so manchen Krieger tot vom Schlachtfeld
schleift, andere verwundet zurückläßt und anderen wiederum zugesteht, unversehrt dem dichtesten Kampfgetümmel
zu entkommen.

Unmittelbar neben dieses Bild des Krieges und der Zer-

...«Kein menschliches Auge wird diese Waffen erblicken
können, ohne von ihrem Glanz geblendet zu sein.»...

störung setzte Hephaistos idyllische Szenen aus dem Landleben.

Ein großer, fruchtbarer Acker wird gepflügt. Die Bauern treiben die ins Joch gespannten Ochsen hin und her und werfen tiefe Furchen auf. Am Rande des Feldes steht ein schlankes Mädchen, das ihnen einen Kelch süßen Weines reicht, sooft sie dort anlangen. Wenn sie getrunken haben, wenden die Pflüger und stoßen die Pflugschar abermals tief in die Erde, um eine neue Furche bis zum gegenüberliegenden Ende zu ziehen. Hinter ihnen schimmert schwarz das gepflügte Land.

Etwas weiter entfernt kann man ein eingezäuntes Feld erkennen, auf dem sich die Halme unter der Last der schweren, goldenen Ähren neigen. Schnitter mähen mit ihren scharfen Sensen das Korn, es fällt in Schwaden zu Boden und wird von Kindern zu Garben gebunden. Mit dem Stab in der Hand schaut der Besitzer des Feldes zufrieden zu. Abseits, im Schatten einer Eiche, wird ein riesiges, geschlachtetes Rind zum Braten hergerichtet, und die Frauen kneten große Mengen von Teig, um für alle Arbeiter Essen zu bereiten.

Weiter unten stellte Hephaistos einen Weinberg mit schweren, schwarzen Trauben dar. Fröhliche Jungen und Mädchen tragen die reife Frucht in Körben hinweg. Mitten unter ihnen spielt ein Jüngling auf der Leier und singt dazu. Alle stimmen in die süße Weise ein.

An anderer Stelle reißen zwei fürchterliche Löwen den stärksten Stier einer Rinderherde, der vergebens brüllt, als sie ihn davonschleppen. Die Hirten lassen ihre Hunde los, die es jedoch nicht wagen, die Raubtiere anzugreifen. Sie bellen die Löwen nur aus der Nähe an, um dann wieder zurückzuweichen.

Unweit davon erstreckt sich ein liebliches Tal, in dem Schafe weiden. Man kann auch die Viehhürden, die Ställe und die Hütten der Schafhirten ausmachen.

Schließlich gestaltete Hephaistos einen bunten Reigen. Junge Männer und Frauen halten einander bei den Händen gefaßt und stampfen mit ihren Füßen im Takt auf den Boden. Die Mädchen tragen lange Gewänder aus feinem Leinen und Blumenkränze im Haar, die Jungen kurze Obergewänder aus kostbar schimmernden Stoffen und goldene Schwerter an den Hüften. Bald wirbelt die ausgelassene Schar im Kreis herum, schneller als des Töpfers Drehscheibe, bald tanzt man in Reihen einander entgegen. Um die Tänzer hat sich eine Menschenmenge gebildet, die ihre Anmut bewundert. Ein Sänger, herrlich wie ein Gott, rührt die Saiten seiner Leier, und zwei junge Männer drehen sich zu seinem Gesang in der Mitte.

Das ist mit einfachen Worten die Beschreibung, die uns Homer von den wundervollen Darstellungen gibt, mit denen Hephaistos den Schild des ruhmreichen Achill schmückte.

Der hinkende Gott hatte Freude an der Arbeit und scheute weder Anstrengung noch Mühe. War jedoch sein Tagewerk vollbracht, entfernte er die Blasebälge vom Feuer, verschloß Hammer und Zangen in einen silbernen Kasten und ging, nachdem er die ganze Werkstatt aufge-

räumt hatte, sich in einem wohlriechenden Bade zu waschen. Mit einem riesigen Schwamm reinigte er den ge-
drungenen Hals, die kräftigen Arme und die behaarte Brust.
Dann zog er sich ein goldenes Gewand über, griff nach
seinem Stock und humpelte zu den Palästen der Götter.

Zuvorkommend, wie er war, füllte er die goldenen Kel-
che mit Wein, und bevor er selbst noch davon kostete, ging
er in dem großen Saal von einem Gott zum anderen und
reichte ihnen den köstlichen Nektar. Sie lachten gutmütig,
wenn sie ihn so die Runde machen sahen, immer schwan-
kend, da die schwachen Beine den schweren Körper kaum
tragen konnten. Doch Hephaistos wußte sich auf andere
Weise zu helfen. Wenn er sehr erschöpft war, wartete der
erfindungsreiche Gott den Olympiern mit Hilfe seiner
dreibeinigen Tische auf, die so gebaut waren, daß sie sich
durch eine bloße Handbewegung von ihm allein in Bewegung setzten und auf goldenen Rädern durch den Saal
fuhren.

Es gefiel Hephaistos, wenn er nach seiner Arbeit die
Götter des Olymp bei guter Laune antraf, doch ihre häufi-
gen Zwistigkeiten betrübten ihn.

«Ach, ihr seid wirklich zu bedauern», sagte er dann zuweilen im Spaß, «arbeitet nur, und ihr werdet sehen, wie
wenig Zeit dann noch zum Streiten bleibt.»

Am meisten aber bekümmerte es Hephaistos, wenn er
sah, daß seine Mutter Zeus zürnte, deshalb gab er ihr
einmal folgenden Rat:

«Es wird unser aller Verderben sein, Mutter, wenn ihr
beide miteinander streitet, und die übrigen Götter für einen

von euch Partei ergreifen. Dann werden wir die schmack-
haften Speisen und den süßen Wein nicht mehr genießen
können. Daher rate ich dir, liebe Mutter, gehorche Zeus, so
weise du auch immer sein magst. Denn wenn ihn sein
schrecklicher Zorn überkommt, wird er das Unterste
zuoberst kehren. Zeus ist ein mächtiger Herrscher, und
wenn er wollte, könnte er uns alle von unserem Thron
stoßen. Geh zu ihm, Mutter, und besänftige ihn mit zärtlichen Worten, damit wieder Frieden auf dem Olymp ein-
kehrt.»

Als er geendet hatte, reichte er seiner Mutter den Weinkelch, und sie nahm ihn lächelnd entgegen. Dann holte
Hephaistos Nektar und schenkte ihn, von rechts beginnend,
allen Göttern ein. Sie, die eben noch verdrießliche Gesichter gemacht hatten, lachten nun schon wieder, als sie den
gutherzigen, weisen Schmiedegott durch den Saal humpeln
sahen. Und als dann Apollon nach seiner Leier griff und
eine heitere Melodie spielte, sprangen die Musen auf und
reihten sich fröhlich zum Tanz. Der Streit der Götter war
vergessen, und man feierte jetzt ein rauschendes Fest.

Hephaistos war jedoch nicht immer so sanftmütig. Wenn
er strafen wollte, konnte er schrecklich sein. Niemand
außer ihm hätte es sonst mit dem Flußgott Xanthos aufnehmen können, als dieser drohte, Achill und seine Gefährten vor Troja in seinen Fluten ertrinken zu lassen.

Es war Hera, die Hephaistos auf die Gefahr aufmerksam
machte, die dem Helden drohte, denn sie wußte, daß ihr
Sohn ihre Sympathien für Achill teilte.

Der Schmiedegott legte sein Handwerkszeug beiseite

und eilte sofort nach Troja, wo er sich mit seinem göttlichen Feuer auf Xanthos stürzte.

Furchtbar war der Kampf zwischen Feuer und Wasser. Der angeschwollene Fluß wallte drohend in die Höhe, um Achill und sein Heer zu ertränken, als Hephaistos seine Flammenpfeile auf ihn abschoß.

Riesige Feuersäulen stiegen an beiden Ufern zum Himmel empor und verwandelten Schilfrohr, Binsen, Unterholz und Oleanderbüsche in brennende Fackeln. Feuerzungen schlugen aus den Myrten, Platanen und Weiden, die den Fluß säumten. Aale und andere Fische krümmten sich im Wasser, halb erstickt vom sengenden Atem des Gottes, und suchten Schutz in den tiefsten Gründen der wirbelnden Strömung. Xanthos konnte die Feuersbrunst nicht länger ertragen und bat Hephaistos aufzuhören.

«Ich will Achill und seinen Gefährten nichts mehr zuleide tun, wenn du mich nur in Frieden fließen läßt!» flehte er.

Hephaistos aber schürte das Feuer noch mehr und richtete es nun auf den Fluß selbst. Dampf zischte auf, das Wasser siedete wie in einem Kessel auf loderndem Holzfeuer. Nun war das Ende nahe. Rasch trocknete der Fluß aus, fauchend und prasselnd wie das verbrennende Fett eines über dem Kohlefeuer gerösteten Schweins. Bald war alles vorüber. Der glühende Atem des Schmiedegottes hatte Xanthos bezwungen, und er floß nicht mehr.

So war Hephaistos, stark wie das Feuer, weich wie das geschmolzene Eisen und gutherzig wie jedermann, Sterblicher oder Unsterblicher, der seine Arbeit in Ehren hielt.

Der Schmiedegott war bei den Menschen sehr beliebt,

denn er war ihnen vertraut, schien eher ein Mensch als ein Gott. Hinkend, häßlich und in seiner Kindheit verstoßen, liebte er alles Schöne und schlug einen schwierigen Weg ein, um seine Ziele zu verwirklichen. Indem er nämlich wie ein Mensch und nicht wie ein Gott darum kämpfte.

Hephaistos wurde zum Vorbild für alle rechtschaffenen und hart arbeitenden Menschen. In Athen, wo die Handwerkskunst blühte, ehrte man den Gott der Schmiedekunst auf besondere Weise. Zu den größten Festlichkeiten der Stadt zählten die Hephaisteia, die alle fünf Jahre stattfanden. In ihrem Verlauf trugen junge Männer, die ein Handwerk lernten, Wettläufe mit brennenden Fackeln aus. Die Athener glaubten, daß der Gott ihnen helfen würde, gute Handwerker zu werden.

Außerdem bauten die Bewohner der Stadt einen prächtigen Tempel für Hephaistos. Dieser Tempel, der heute Theseion genannt wird, ist der einzige in ganz Griechenland, der die Zeiten unbeschadet überdauert hat. Es ist, als habe das Schicksal beweisen wollen, daß von allen Heiligtümern dasjenige am solidesten gebaut war, das dem Gott der Handwerker gehörte.

Auf der Insel Lemnos, wo Hephaistos seine erste Schmiede hatte, wurde er als Gott des Feuers besonders verehrt. Es gab dort einen schönen Brauch: Jedes Jahr wurden für neun Tage alle Feuerstellen gelöscht. Am neunten Tag aber brachte ein Schiff Feuer von der heiligen Kykladeninsel Delos, das mit Fackeln in jedes Haus und in jede Werkstatt der Insel getragen wurde. Dieser Brauch diente einem edlen Zweck. Wenn die Inselbewohner ihre

Feuer löschten, sollten sie auch ihre Leidenschaften zügeln und all ihre Streitigkeiten beilegen, indem sie sich das Leben des Schmiedegottes zum Vorbild nahmen. Wurde dann das Feuer wieder nach Lemnos gebracht, waren die Menschen miteinander ausgesöhnt und bereit, ein neues Leben zu beginnen.

Ein trefflicher Gott war Hephaistos, mochte er auch noch so häßlich anzusehen sein.

ARES

Ein ungeliebter Gott

Ares war ein schöner, stattlicher Gott, dessen Erscheinung durch seine glänzende Kriegsrüstung noch eindrucks-
voller wurde. Wollten wir allerdings seine guten Eigenschaften aufzählen, wären wir an dieser Stelle bereits am
Ende. Das mag daran liegen, daß wir den Krieg zutiefst
verabscheuen, und Ares war nun einmal der fürchterliche
Gott des Krieges, ein Gott, der die Schlachten liebte und
nur für sie lebte, dessen ganzes Sinnen und Trachten auf
Tod und Zerstörung zielte.

Wir stehen freilich nicht allein da mit unserer Abneigung

gegen diese blutrünstige Gestalt, es gab wohl kaum jemanden, der Ares mochte. Wie wunderbar haben doch die
Menschen jener Zeit in den Mythen seinen Charakter
geprägt. Mordlustig, grausam und brutal, dabei dumm und
lächerlich und alles andere als der Held, als der er sich
auszugeben liebte. Schlachten, Tod und Blut stellten sein
einziges Vergnügen dar. Es war ihm gleichgültig, wer für
eine gerechte Sache kämpfte und wer nicht, das hatte
keinerlei Bedeutung, solange nur die besten jungen Männer
erschlagen, Städte zu Asche und ganze Völkerstämme
ausgelöscht wurden. Seine Wahrzeichen waren Speer und
Geier: der Speer, der tötet, und der Geier, der sich vom
Fleisch der Gefallenen ernährt...

Bei seinem schändlichen Werk wurde Ares von seinen
Söhnen Phobos und Deimos, deren Namen Furcht und
Schrecken bedeuten, und von Eris, der Göttin der Zwie-
tracht und des Hasses, unterstützt. Alle drei führten seine
Befehle mit Eifer aus und taten, was sie konnten, um eine
Schlacht noch verheerender, das Chaos noch größer zu
machen. Sobald ein Krieg begann, stürzte sich Ares in den
Kampf, mischte sich unter die Krieger und durchbohrte mit
seinem Speer jeden, der ihm in den Weg kam.

War der Gott in Kriegszeiten zufrieden, so litt er unsäg-
lich, wenn Frieden herrschte. Hielt dieser Zustand allzu
lange an, dann eilte er zu Eris.

«Ich kann diese Ruhe nicht länger ertragen», schrie er
sie an. «Warum sitzt du hier und starrst mich an? Kennst du
deine Aufgabe nicht? Lauf, so schnell du kannst, zu den
Menschen und stifte Zwietracht, damit es wieder Krieg gibt

und wir uns an Mord und Totschlag, an den Schreien der Verwundeten erfreuen können.»

Wenn eine Schlacht zahlreiche Opfer gefordert hatte, kehrte Ares glücklich auf den Olymp zurück. Mit geschwellter Brust stolzierte er herum und prahlte mit donnernder Stimme von seinen Heldentaten, ohne dabei zu bemerken, daß eigentlich niemand seine Geschichten hören wollte. Immerhin hatte er eine Bewunderin. Es war Aphrodite, die Göttin der Schönheit und der Liebe. Damals wie heute gab es natürlich manchen, der sich von einer stattlichen Erscheinung und einer schimmernden Rüstung blenden ließ.

Ares und Athene

Doch nicht immer war Ares in guter Stimmung, wenn er aus einer Schlacht kam. Oft hatte er einen Kampf verloren oder, schlimmer noch, sich furchtbar lächerlich gemacht.

In solchen Fällen bat er seinen Vater um Hilfe, immerhin war er ja der Sohn des allmächtigen Zeus und der Hera. Doch nicht einmal die eigenen Eltern liebten ihr bösartiges Kind, und sie zeigten ihm dies auf jede erdenkliche Weise.

«Allmächtiger Zeus», fragte Hera eines Tages den Herrn über Götter und Menschen, «würdest du es mir übelnehmen, wenn ich dafür sorge, daß Ares schwer verwundet vom Schlachtfeld getragen wird?»

«Ganz im Gegenteil», erwiderte Zeus, «ich wäre höchst erfreut darüber. Laß Athene diese Aufgabe übernehmen. Sie versteht es, ihm die Hölle heiß zu machen.»

Es war in den schrecklichen Jahren des Trojanischen Krieges, und Hera wollte den Griechen helfen, die sich in einer äußerst schwierigen Lage befanden. Der Halbgott Achill hatte sich vom Kampf zurückgezogen, weil er Agamemnon, dem Anführer des griechischen Heeres, zürnte. Ares, blutrünstig, wie er war, nutzte die Gelegenheit, um die Griechen niederzumetzeln, obwohl er versprochen hatte, ihnen zu helfen. Unzählige tapfere Krieger waren bereits gefallen, als sein Blick auf den großen Helden Diomedes fiel. Wie rasend schleuderte er seinen bronzenen Speer nach ihm. Das Wurfgeschoß wich jedoch plötzlich von seiner Bahn ab, so als sei es von einem starken Windstoß erfaßt worden, und verfehlte sein Ziel. Es war aber nicht der Wind, der den Speer zur Seite gestoßen hatte, sondern Athene, Zeus' geliebte Tochter. Von Hera dazu veranlaßt, hatte sie sich in aller Eile auf das Schlachtfeld begeben und durch ihr Eingreifen Diomedes vor dem sicheren Tod gerettet. Jetzt stand sie an der Seite des Helden und ermutigte ihn, den Kriegsgott anzugreifen.

Beherzt ergriff Diomedes seinen langen Speer und stürmte auf Ares los. Athene lenkte die Speerspitze so, daß sie den Gott in die Rippen traf, woraufhin dieser ein Gebrüll ausstieß, als seien zehntausend Krieger auf einmal verwundet worden, und dann, von Panik erfaßt, sein Heil in der Flucht suchte. Schon nach kurzer Zeit hatte er den Olymp erreicht und lief sofort zu seinem Vater, um sich zu beklagen.

«Das geschieht dir recht», entgegnete ihm Zeus, «von allen Göttern des Olymp wirst du am meisten verabscheut.

Nichts anderes als Krieg und Blutvergießen bereitet dir Vergnügen. Wärest du nicht mein Sohn, ich hätte dich schon längst vom Olymp gestoßen und in die Tiefen des Tartaros geworfen. Dort müßtest du dich dann in ewiger Finsternis nach dem Licht sehnen. Geh nun, laß dir die Wunde verbinden und sieh zu, daß du zur Vernunft kommst.»

Dieser Rat stieß indessen auf taube Ohren.

Kaum war seine Wunde verheilt, kehrte Ares wutentbrannt auf das Schlachtfeld zurück, um sich an Athene zu rächen. «Jetzt werde ich es dir zeigen, du Hündin», schrie er, als er die Göttin erblickte, und warf seinen Speer mit ungeheurer Wucht auf sie. Doch Athene sprang behend zur Seite, so daß der Speer sein Ziel verfehlte. Mit einer raschen Bewegung packte die Göttin einen großen Stein, schleuderte ihn mit aller Kraft auf Ares und traf ihn am Hals.

«Aaah...!» konnte der Kriegsgott gerade noch über die Lippen bringen, dann versagte ihm die Stimme, er wankte und stürzte der Länge nach nieder, mit seinem Körper sieben ganze Felder bedeckend. Seine Bewunderin Aphrodite wollte ihm zu Hilfe eilen, doch die Tochter des Zeus versetzte ihr einen Stoß gegen die Brust, der so heftig war, daß der Göttin der Liebe schwarz vor Augen wurde und sie bewußtlos an Ares' Seite niedersank. Nun waren beide besiegt und lagen ohnmächtig im Staub.

«Wenn alle, die den Trojanern helfen, so wären wie sie, hätte dieser Krieg schon seit langem ein Ende gefunden», bemerkte Athene mit spöttischer Stimme und ließ die beiden dort liegen.

Von diesem Augenblick an ging Ares Athene aus dem Weg. Doch nicht immer war er schnell genug. Als er eines Tages mit Demeter, der Göttin des Ackerbaus, stritt, stand die stolze Göttin plötzlich vor ihm, und bevor er noch irgend etwas tun konnte, hatte sie ihm schon eine weitere schmerzhafte Lektion erteilt.

Wie wir schon gesehen haben, haßte Ares Demeter von jeher. Er konnte es nicht verwinden, daß sich die Göttin des Ackerbaus seinen kriegerischen Plänen widersetzte, und als er sie einmal allein an den Toren des Olymp stehen sah, lief er zu ihr und fuhr sie an: «Ständig sehe ich dich mit der Friedensgöttin zusammen, ich weiß, daß ihr euch gegen mich verschworen habt, du und diese Eirene. Du hast die Menschen gelehrt, das Land zu bestellen, die Arbeit zu lieben und den Krieg, so wie auch mich, zu verabscheuen. Und was ist dabei herausgekommen? Nicht einen nennenswerten Tempel haben sie mir in Griechenland errichtet. Und nicht nur das! Anstatt wie Helden in der Schlacht zu fallen, ziehen sie es vor, an Altersschwäche, Krankheit und Erschöpfung zugrunde zu gehen. Sieh dich vor, du Unglückselige, denn...»

Doch plötzlich, als er sich ein wenig zur Seite wandte, sah der Kriegsgott Athene unmittelbar neben sich stehen. Das Wort erstarb ihm auf den Lippen, und er wollte sich auf leidlich ehrenvolle Weise entfernen. Die Göttin der Weisheit hielt ihn jedoch am Arm fest.

«Komm nur her, mein kleiner Held», sagte sie, riß Ares mit einer schnellen Bewegung den Helm vom Kopf und schleuderte ihn weit fort. Während er noch scheppernd über die Marmorplatten rollte, nahm Athene dem Kriegsgott seinen schweren Schild ab und warf ihn hinterdrein. Dann wand sie ihm den schrecklichen Speer aus den Händen und stieß auch diesen voller Zorn beiseite.

«Nun verschwinde, du kühner Recke», herrschte sie ihn an, «und überlege es dir in Zukunft, bevor du dich mit jemandem anlegst, den ich liebe und der Göttern und Menschen Gutes tut.»

Nachdem er sich auf diese Weise blamiert hatte und vor Scham bis in die Haarwurzeln errötet war, klaubte Ares seine verstreuten Waffen auf und entfernte sich hastig, ohne sich noch ein einziges Mal umzuschauen.

«Und mach unterwegs keine Dummheiten», hörte er noch die spöttische Stimme der Tochter des Zeus hinter sich.

Ares' Sohn und Herakles

Es war jedoch nicht nur Athene, die den Kriegsgott lächerlich machte. Auch der berühmte Held Herakles spielte ihm übel mit, indem er ihn verwundete und einen seiner Söhne tötete.

Ares hatte einen Sohn, auf den er sehr stolz war. Er hieß Kyknos und war so stark, daß es niemand mit ihm aufnehmen konnte. Was Verstand und Herz betraf, so besaß er allerdings von beidem noch weniger als sein Vater. Nun machte es Kyknos sehr zu schaffen, daß Ares der einzige Gott war, der keinen Tempel besaß, daher beschloß er, ihm

selbst ein Heiligtum zu errichten. In seiner rohen Sinnesart
schien es ihm, daß der Tempel um so schöner würde, wenn
er ganz aus menschlichen Gebeinen erbaut wäre. Dieser
Gedanke gefiel ihm so gut, daß er sich sofort an die Arbeit
machte, das heißt fortwährend Menschen tötete, um das
Baumaterial zusammenzutragen. Schließlich kam es soweit,
daß die Einwohner des ganzen Gebietes vom Tempetal bis
zu den Thermopylen beim bloßen Klang seines Namens
erzitterten. Eines Tages kam dann Herakles in diese Gegend. Als Kyknos die riesige Gestalt des Helden sah,
dachte er sich, daß es hier prächtige Knochen zu erbeuten
gäbe, und stürzte sich auf ihn. Er hatte jedoch vergessen,
daß Herakles der unbesiegbare Sohn des Zeus war. Die
Geschichte endete damit, daß der Tempel unvollendet
blieb, weil Kyknos nicht mehr unter den Lebenden weilte.
Rasend vor Zorn, daß Herakles seinen Sohn getötet hatte,
fuhr Ares wie ein Blitz vom Olymp nieder, um Rache zu
nehmen. Doch bald schon kehrte er mit schmerzverzerrtem
Gesicht zurück. Herakles war ein Gegner, mit dem nicht zu
scherzen war, er hatte den Kriegsgott mit seinem Speer
schwer verwundet. Nun zog sich Ares zurück und wollte
niemanden sehen. Bittere Tränen vergoß er über die drei
Schicksalsschläge, die ihn ereilt hatten - den Verlust des
Sohnes, seine Verwundung und die Verletzung seines
Stolzes.

Mit der Zeit aber heilte die Wunde, und der Gott des
Krieges vergaß seine Schande. Allein der Kummer um
seinen Sohn hielt an, deshalb beschloß er, ihm eine prächtige Gedenkstätte zu errichten. Zu diesem Zweck befahl er

König Keyx, dem Schwiegervater des Kyknos, die Bewohner der Gegend zusammenzurufen, damit sie ein Heiligtum erbauten, das mit all jenen Knochen und Schädeln geschmückt sein sollte, die Kyknos gesammelt hatte. «So viel Mühe darf nicht umsonst gewesen sein», dachte Ares bei sich. «Und die Erinnerung an die großen Taten meines Sohnes wird auf diese Weise für immer lebendig bleiben.»

Als die Gedenkstätte fertig war, kam der Kriegsgott selbst, um sie sich anzusehen, und fand sie in jeder Einzelheit so, wie er es sich vorgestellt hatte. «Nun ist offensichtlich», dachte er, «wer mehr wert ist, Herakles oder Kyknos. Ich bin sicher, daß es Herakles nur mit Hilfe von Athene gelungen ist, meinen Sohn zu töten.»

Während Ares Gedanken dieser Art durch den Kopf gingen, überkam ihn plötzlich eine große Unruhe, die von einem Geräusch herrührte, einem dumpfen Grollen, das immer stärker und drohender wurde. Offenbar nahte großes Unheil. Ares konnte die Spannung bald nicht länger ertragen.

«Zu Hilfe, Vater Zeus!" schrie er, so laut er konnte, doch das Getöse war bereits so laut geworden, daß sein entsetzter Hilferuf darin unterging.

Der Flußgott Amaros war die Ursache, er ließ tosende Wassermassen von den Bergen herabstürzen, die keine Macht auf Erden aufhalten konnte. Auf Geheiß des goldlockigen Apollon lenkte er seine schäumenden Fluten zu der Stelle, wo das Monument des Kyknos stand. Und dann ging alles sehr schnell. Ares war vor Furcht wie gelähmt und wußte nicht, was er tun sollte. Schließlich entschied er

sich zur Flucht und erreichte im letzten Moment einen
rettenden Hügel. Von dort wurde er Zeuge der Katastrophe.
In wenigen Augenblicken hatte der reißende Fluß das
Heiligtum hinweggefegt und die Trümmer mit sich auf
seine Reise ins Meer genommen.

In kurzer Zeit war das Land von Knochen und Schädeln
gereinigt, nichts erinnerte mehr an Kyknos und seine
blutigen Taten. Und ein verzweifelter Kriegsgott hatte eine
weitere Niederlage zu beklagen.

Im Netz gefangen

Nun kann man nicht ewig Trübsal blasen, und Ares
suchte die Gesellschaft der lieblichen Aphrodite, um seinen
Kummer zu vergessen. Die Göttin der Liebe war die
einzige, die ihn in einem anderen Licht sah. In ihren Augen
war Ares der mächtige Gott der Kampfwagen, der kühne
Kämpfer mit dem goldenen Helm, der Verteidiger der
Städte mit der strahlenden Rüstung. Der unerschrockene
Speerwerfer, der Beschützer der Könige und Verfechter des
Gesetzes, der Richter der Aufsässigen. Die uneinnehmbare
Festung des Olymp.

Niemand glaubte an all dies, vielleicht nicht einmal Ares
selbst. Und doch erfüllte es ihn mit Stolz, wenn er daran
dachte, daß Aphrodite eine so hohe Meinung von ihm hatte.
In ihrer Gesellschaft vergaß er alle Schmach und träumte
von großen Taten. Doch die beiden verband nicht nur bloße
Freundschaft, und dies war der Grund, daß ihre Geschichte
ein unrühmliches Ende nahm. Ares vergaß zuweilen, daß

Aphrodite Hephaistos' Frau war. Weil er wußte, daß die Göttin der Schönheit von ihrem hinkenden Mann nicht besonders angetan war, überredete er sie, eine Nacht mit ihm zu verbringen, obendrein noch im Haus des Hephaistos. Er hatte erfahren, daß der Schmiedegott nach Lemnos fahren wollte, und sagte sich, daß dies eine einmalige Gelegenheit wäre.

Es kam aber anders, als es sich Ares vorgestellt hatte. Dem Paar stand eine Blamage bevor, die es sein Leben lang nicht vergessen sollte.

Der Sonnengott Helios hatte sie vertraut beieinander gesehen und jedes Wort mitgehört. Untreue konnte er nicht verzeihen, um so weniger, wenn es einen Gott traf, der so beliebt und so gutmütig wie Hephaistos war. Er lief also zu ihm und erzählte ihm alles.

Den Schmiedegott verdroß außerordentlich, was er da hören mußte, doch bald kam ihm ein schlauer Gedanke. Ohne Zeit zu verlieren, lief er in seine Werkstatt und stellte dort unsichtbare Netze her, die er an der Decke seines Schlafgemachs befestigte. Nachdem dies vollbracht war, verabschiedete er sich lautstark von allen, um den Anschein zu erwecken, daß er nach Lemnos führe. Tatsächlich aber versteckte er sich in der Nähe.

Kurze Zeit später schon waren Ares und Aphrodite dem listenreichen Gott in die Falle gegangen. Kaum hatten sie sich auf dem Bett niedergelassen, fielen die unsichtbaren Netze herab und umschlossen sie so fest, daß sie sich nicht mehr rühren konnten. Doch es sollte noch schlimmer kommen. Nach einer Weile wurde die Tür aufgestoßen, und

Hephaistos trat mit allen Göttern in das Gemach. Sie brachen in schallendes Gelächter aus, als sie das Paar so im Netz verstrickt sahen. Die beiden Schuldigen waren über und über rot geworden und wagten vor Scham nicht, den anderen Göttern in die Augen zu sehen. Unglaublich lächerlich hatten sie sich gemacht. Zwei Götter des Olymp saßen wie die Mäuse in der Falle und konnten nichts tun, um dem Spott zu entgehen. Jetzt waren sie Hephaistos ausgeliefert und mußten abwarten, bis er es für richtig hielt, sie aus ihrer mißlichen Lage zu befreien. Der Gott des Feuers hatte es damit allerdings nicht so eilig. Ganz im

Gegenteil, er verhöhnte die beiden obendrein noch vor
allen. Ares machte einen verzweifelten Versuch, sich zu
befreien. Er bot seine ganze Kraft auf, um das Netz zu
zerreißen, mit dem einzigen Ergebnis, daß sein Gesicht von
der Anstrengung noch röter wurde und die Götter bei dem
Anblick erneut in dröhnendes Gelächter ausbrachen. Und
einer sagte zum anderen: «Jetzt erhalten sie ihren verdienten Lohn.» «Das Böse gedeiht doch nicht.» «Der Langsame
faßt den Schnellen, wenn dieser ein Unrecht begeht.»

Schließlich überredeten die anderen Götter Hephaistos,
das Paar wieder freizugeben. Mit gesenktem Kopf beeilten

sich beide, den Blicken der Götter zu entkommen und flohen vom Olymp. Aphrodite machte sich voller Scham auf die weite Reise nach Zypern, während der Kriegsgott im fernen Thrakien Zuflucht suchte, dem Land der wilden Krieger. Niemals sollte Ares diese Demütigung verwinden, so wie er auch den fürchterlichen Schlag mit dem brennenden Holzscheit nie vergessen würde, den ihm der Schmiedegott einst auf Lemnos verpaßt hatte. Da half kein Leugnen, auch Hephaistos gehörte zu den Göttern, vor denen sich der kampflustige Ares in acht nehmen mußte.

Der Kriegsgott verschwindet

Dem Gott des Krieges setzten all diese Vorfälle sehr zu. Er, der fürchterliche Schlachtengott, wurde immer öfter zur Zielscheibe des Spottes. Das war mehr, als er ertragen konnte, daher suchte er nach einer Gelegenheit, um seine Tapferkeit unter Beweis zu stellen.

Es dauerte nicht lange, bis er eine solche Gelegenheit gefunden hatte, zumindest glaubte er das.

«Nun werdet ihr sehen, wer ich bin!» rief er eines Tages den Göttern des Olymp zu und stürzte wie rasend aus dem Palast.

Diese Geschichte trug sich zu, als der Olymp von zwei Riesen, den Söhnen des Aloeus, bedroht war, die den Göttern den Krieg erklärt hatten.

«Kämpft mit mir, wenn ihr es wagt!» brüllte Ares den beiden seine Herausforderung entgegen, doch bevor er noch Zeit fand, auch nur die kleinste Bewegung zu machen, packte ihn einer der Riesen von hinten, während ihm der andere einen Lumpen in den Mund stopfte. So konnte Ares weder schreien noch kämpfen, und im nächsten Augenblick hatten ihn die beiden schon gefesselt und mit sich fortgenommen.

Dreizehn Monate blieb Ares verschwunden, und niemand wußte, wo er war. Alle Kriege hörten auf, und es war wirklich eine gute Zeit.

Unglücklicherweise aber machte sich Zeus Sorgen um Ares. Er rief Hermes herbei und befahl ihm, den Kriegsgott zu suchen.

«Trotz allem ist er doch mein Sohn und dein Bruder», erklärte er, «außerdem darf man nicht außer acht lassen, daß die Menschen sich den Göttern nicht mehr unterwerfen, wenn es ihnen zu gut geht. Sieh dich also überall um, er muß gefunden werden.»

Leider nahm Hermes den Auftrag des Zeus sehr genau und ging mit übermäßigem Eifer auf die Suche. Durch eifriges Nachforschen und Nachfragen machte er endlich die Stiefmutter der beiden Riesen ausfindig, die ihm verriet, was er wissen wollte. Auf der Insel Naxos hatten sie Ares in einem bronzenen Gefängnis angekettet, das wenig mehr als ein Käfig war, so niedrig, daß der Gott des Krieges nur zusammengekrümmt hineinpaßte. Hermes befreite den Gefangenen, der halbtot schien und nicht einmal mehr aufrecht stehen konnte. Lange Zeit verging, bis er wiederhergestellt war und es wagte, sich auf dem Olymp blicken zu lassen. Was die Söhne des Aloeus betrifft, so haben wir bereits gesehen, wie sie von einer Frau, der Göttin Artemis,

besiegt wurden. Und der Gott des Krieges hatte sich diesmal doppelt lächerlich gemacht.

Es ist leicht, sich als Held auszugeben, aber schwer,
wirklich einer zu sein. Doch als Ares den scheußlichen
Typhon mit Gebrüll auf den Olymp zustürzen sah, blieb
ihm nicht einmal mehr Zeit, den Helden zu spielen. Jähe
Furcht vor dem Ungeheuer, das Tod und Verderben mit
sich brachte, ließ ihm die Knie weich werden. Während
sein Vater die gebündelten Blitze nahm und Typhon an-
griff, verwandelte sich die «uneinnehmbare Festung des
Olymp», wie Ares sich gern nennen ließ, in einen von
panischer Angst ergriffenen Eber, der sich zitternd über die
Rückseite des Gebirges davonmachte. In seinem verzwei-
felten Bemühen zu entkommen stürzte er sich kopfüber den
Hang hinunter und fand sich nach kurzer Zeit in der thessalischen Ebene wieder. Hals über Kopf jagte er weiter in
Richtung Norden, erreichte Thrakien, überquerte den
Hellespont und floh durch Kleinasien nach Syrien, ohne
auch nur für einen Augenblick innezuhalten oder sich gar
umzusehen. Und während Zeus den Kampf gegen das
Ungetüm siegreich bestand, erreichte Ares in rasendem
Galopp Ägypten und fiel dort, halbtot vor Angst und
Erschöpfung, besinnungslos in einen Graben. Er bot in der
Tat einen traurigen Anblick, zerkratzt und blutig, wie er
war. Seine kurzen Beine trugen ihn nicht mehr, und uner-
trägliche Schmerzen peinigten seinen Tierkörper. So tief
war der herrliche Kriegsgott gesunken.

Doch schon bald sollte alles wieder vergessen sein.

Kaum wurde bekannt, daß Zeus mit Hilfe von Athene

und Hermes Typhon besiegt hatte und das Untier nun zerschmettert unter den riesigen Gesteinsmassen des Ätna lag, faßte unser Held neuen Mut und nahm seine frühere Gestalt wieder an. Er wagte es allerdings noch nicht, auf den Olymp zurückzukehren, sondern suchte vorerst nach einer Gelegenheit, Unfrieden unter den Menschen zu stiften, weil er meinte, daß er durch verheerende Schlachten seine Schande ungeschehen machen könnte.

Denn der Gott des Krieges konnte nicht begreifen, daß der Krieg die größte Schande auf Erden ist, von der sich zunächst er selbst, nach ihm die anderen Götter und endlich die ganze Menschheit befreien mußte.

PALLAS ATHENE

Die Geburt der Athene

Athene, die Göttin der Weisheit, wurde aus dem Haupt des Zeus geboren.

Das mag zunächst sonderbar klingen, und doch gibt es für dieses ungewöhnliche Ereignis eine durchaus logische Erklärung - die Weisheit entspringt dem Kopf des Herrn über Götter und Menschen.

Ein seltsamer Mythos berichtet, wie es dazu kam.

Als Zeus vom Olymp aus über Himmel und Erde herrschte, drohte ihm, dem allmächtigen Herrn der Welt, eine große Gefahr.

Niemand ahnte davon, nicht einmal Zeus selbst. Eine Göttin gab es aber, die auch das Schicksal der Unsterbli-

chen vorhersagen konnte. Es war die Erdgöttin Gaia, die
Mutter aller Dinge. Sie erkannte als einzige die Gefahr und
trat mit folgenden Worten vor Zeus:

«Es ist eine schwere Last, wenn man Unheil prophezeien
muß, mir bleibt jedoch nichts anderes übrig. So höre denn,
Zeus, Herr über Blitz und Donner! Du hast einen großen
Fehler begangen, und deshalb ist dir ein trauriges Los
bestimmt. Einer deiner Söhne wird dich vom Thron stoßen,
so wie es deinem Vater Kronos und deinem Großvater
Uranos geschehen ist. Niemals hättest du Metis, die Tochter des weißhaarigen Okeanos, zur Frau nehmen sollen,
mag sie auch die weiseste der Unsterblichen sein, und
besser als irgendein anderer von uns Gutes von Bösem zu
unterscheiden wissen. Und nun höre mir aufmerksam zu.
Es ist bestimmt, daß dir die Okeanide Metis zwei Kinder
schenkt. Das erste trägt sie bereits unter ihrem Herzen, es
ist Athene, eine Göttin, so weise und stark, wie du es selbst
bist. Gütig und von allen geliebt, wird sie dir wie kein
anderer der Unsterblichen zur Seite stehen. Später aber
wird Metis noch einen Sohn bekommen, der dich und alle
anderen Götter an Weisheit, Stärke und Kühnheit übertrifft.
Anders als Athene wird er deine Herrschaft nicht akzeptie-
ren, sondern rücksichtslos alle Kraft einsetzen, um seine
ehrgeizigen Pläne zu verwirklichen. Dann ist es um dich
geschehen, Sohn des Kronos, denn von den Höhen des
Olymp wird er dich in die tiefsten Tiefen des Tartaros
stoßen und dich zwingen, deine strahlenden Paläste gegen
ein pechschwarzes Gefängnis einzutauschen. Während der
neue Herrscher der Welt dann auf deinem prächtigen Thron

sitzt, wirst du, in schwere, unzerbrechliche Ketten geschmiedet, jegliche Hoffnung verloren haben, jemals von
deiner Pein erlöst zu werden.»

«Mutter der Götter», erwiderte Zeus, «ich kann es kaum
glauben, was du mir da prophezeist. Kämen diese Worte
aus einem anderen Mund als dem deinen, ich würde ihnen
wahrlich keine Beachtung schenken. Doch von dir weiß
ich, daß nie etwas Unwahres über deine Lippen kommt.
Eines will ich dir aber sagen, ich werde mein Schicksal
nicht so einfach hinnehmen, sondern es zu verhindern
wissen.»

«Ich weiß», entgegnete Gaia, «das war auch der Grund,
weshalb ich mit dir gesprochen habe.» Mit diesen Worten
entschwand sie seinen Blicken.

Ohne Zeit zu verlieren, eilte Zeus zu Metis. Er sagte ihr
nicht, was er erfahren hatte, sondern täuschte sie mit süßen
Worten, bis sie einschlief. Dann ergriff er die weise Okeanide mit beiden Händen und versenkte sie in den eigenen
Bauch, damit jener Sohn nie geboren würde.

Tatsächlich gelang es Zeus, sein Schicksal abzuwenden.
Und mehr noch, indem er die weise Göttin in sich aufnahm,
erlangte er die Gabe, Gutes und Böses voneinander zu
unterscheiden.

So war die Gefahr für den Göttervater gebannt, doch
seltsame Dinge geschahen in seinem Körper, denn Metis
stand vor der Geburt seiner unsterblichen Tochter Athene.

Nach kurzer Zeit wurde Zeus von rasenden Kopf-
schmerzen erfaßt. In einem verzweifelten Versuch, sich von
den Schmerzen zu befreien, rief er Hephaistos herbei, dem

er befahl, ihm den Schädel zu öffnen. Zögernd hob der Schmiedegott den Hammer, ließ ihn auf seines Vaters Scheitel niederfahren, und ... welche Überraschung!

Mit einem göttlichen Leuchten entsprang Pallas Athene, die Göttin der Weisheit, dem Haupte des Zeus. Nicht als Säugling kam sie auf die Welt, sondern als schönes, blau-äugiges Mädchen, das Klugheit, Mut und Kraft ausstrahlte. Sie trug ein langes Gewand und einen glänzenden Helm, von ihrer linken Schulter hing ein schwerer Schild herab, und in der rechten Hand hielt sie einen langen Speer.

Mit einem Triumphschrei schwang Athene ihren spitzen Wurfspeer, sprang zu Boden und grüßte die Götter. Alle Natur war von dem Ereignis erschüttert. Der Olymp erbebte bis in seine Grundfesten, tief dröhnte rings die Erde, und tobend schwoll das Meer. Helios zügelte die unsterblichen Sonnenrosse und stand bewegungslos am Himmel.

«Ruhm und Ehre der neuen Göttin, der Tochter des gro-ßen Zeus!» riefen die Götter, die von der glanzvollen Erscheinung Athenes überwältigt waren.

Erfreut über diesen Empfang neigte die Göttin der Weisheit ihr Haupt vor Zeus und den anderen Göttern. Dann nahm sie, gleichsam als ob sie ihr Aussehen ein wenig unpassend empfunden hätte, den Helm von ihrem Kopf und den Schild von ihren göttlichen Schultern.

«Wenn ich sie doch niemals gebrauchen müßte!» rief sie aus und legte die Waffen ihrem Vater zu Füßen.

Zeus' Gesicht hellte sich auf, als er die besonnene Geste seiner Tochter sah und ihre vernünftigen Worte hörte. Zutiefst bewegt zog er sie an sich und umarmte sie zärtlich.

Von diesem Zeitpunkt an war ihm Pallas Athene die liebste seiner Töchter.

Athene wollte keine Waffen tragen, sie verabscheute den Krieg. Dennoch wird man die Göttin der Weisheit oft kämpfen sehen. Mit all ihrer Kraft setzte sie sich für den Fortschritt, für die Zivilisation und die schöpferische Tätigkeit des Menschen ein, zögerte aber nicht, zur Waffe zu greifen, wenn sie ihr Werk bedroht sah.

Einzig und allein aus diesem Grund wurde die Tochter des Zeus mitunter zu einer Kriegsgöttin. Zu Recht nannte man sie dann Athene Nike, die Siegreiche, denn niemand konnte es mit ihr aufnehmen. Das ließ sie jedoch nicht einen Augenblick lang Gefallen am Krieg finden. So ist es immer. In der Stunde der Gefahr ziehen diejenigen zuerst in die Schlacht, die den Frieden am meisten lieben.

War der Krieg zu Ende, gab die Göttin der Vernunft Zeus ihre Waffen zurück. Sie zeigte sich nicht gern mit ihnen und rühmte sich niemals ihrer Siege.

Eine vielseitige Göttin

Athene unterschied sich wahrhaftig von den anderen Göttern, man hätte meinen können, daß sie es vorzog, ein Mensch zu sein. Den größten Teil ihrer Zeit verbrachte sie fern vom Olymp in den Häusern, in den Werkstätten und auf den Feldern der Menschen, und hier, mitten unter ihnen, wachte sie über ihr Geschick, begeisterte und ermutigte alle, die schöpferisch tätig waren. Gemeinsam mit den Sterblichen oder aus eigener Kraft suchte sie nach Wegen, um das Los der hart arbeitenden Menschen erträglich zu machen.

Es ist erstaunlich, was sie sich alles ausdachte. Ihr reger Verstand ruhte nicht einen Augenblick, fortwährend ersann er Neues.

So erfand Athene den Spinnrocken und den Webstuhl, lehrte die Frauen zu spinnen, zu weben und kunstvolle Stickereien anzufertigen. Sie unterwies die Menschen im Töpferhandwerk und zeigte ihnen, wie sie die Tongefäße mit schönen Malereien verzieren konnten. Um ihnen die Arbeit zu erleichtern, gab sie ihnen die Töpferscheibe. Für die Baumeister erfand sie das Senkblei und später den Dachziegel, für die Musikanten die Flöte und die Trompete. Die Göttin lehrte die Frauen, das Essen zu bereiten, und verschaffte ihnen die ersten Kochgeräte. Sie zeigte den Menschen, wie man Pferde zähmte, und baute mit eigener Hand den ersten Wagen.

Unzählige Erfindungen sind mit Athenes Namen verbunden, ihr größter Verdienst lag jedoch darin, daß sie den Menschen die schönen Künste und die Wissenschaften schenkte, Gebiete, deren Entfaltung im antiken Griechenland später die ganze Welt in Erstaunen setzen sollte.

An dieser Stelle lohnt es sich, etwas länger zu verweilen. Beginnen wir also die Geschichte ganz von vorn.

Eines Tages saß Athene an einem Berghang und schaute nachdenklich über das Tal, wo ein Dutzend Frauen bei der Feldarbeit waren. Sie standen in einer Reihe nebeneinander und versuchten mit primitiven Hacken, den Boden zu lockern, um ihn für die Aussaat vorzubereiten. Obwohl sie hart arbeiteten, konnten sie nur wenig ausrichten.

So bestellten die Menschen jener Zeit ihre Felder. Sie lebten damals noch in Sippen zusammen, die durch Verwandtschaftsbeziehungen und die Notwendigkeit der Arbeitsteilung entstanden waren. Da die Männer den ganzen Tag in den Wäldern jagten, war der Anführer der Sippe eine Frau, die Sippenmutter, die unter allen weiblichen Mitgliedern der Gruppe ausgewählt wurde. Es war die Zeit des Matriarchats, eine Zeit großer Mühen, Gefahren und Entbehrungen. Die wenigen Nahrungsmittel mußten gerecht und umsichtig aufgeteilt werden, damit sie für alle reichten.

Athene wußte das alles, und als sie jetzt den Frauen zusah, die sich abplagten, dachte sie darüber nach, wie sie ihnen helfen könnte. Da fiel ihr Blick auf zwei Ochsen, die am Rand des Feldes friedlich grasten, und ihr Gesicht hellte sich auf. Sie hatte ein neues Arbeitsgerät erfunden - den Pflug.

«Von nun an werden Tiere den Acker pflügen», dachte sie voller Freude. «Nur ein Mann braucht hinter dem Pflug zu gehen, und die Arbeit kann besser verrichtet werden als von all diesen Frauen zusammen. Wenn die Männer aus den Wäldern zurückkommen und sich mit Ackerbau und Viehzucht befassen, hat die Plackerei vielleicht ein Ende.»

Niemand konnte jedoch ahnen, welche Auswirkungen diese Erfindung haben sollte.

Zuerst ging alles gut, und Athene war zufrieden. Jetzt hatten die Menschen mehr zu essen, sie produzierten sogar so viel, daß sie Vorräte anlegen konnten. In den Sippen übernahmen die Männer die Führung, doch das war es nicht, was die Göttin beunruhigte. Etwas anderes machte ihr Sorge.

Nun, da mehr erwirtschaftet wurde, hörte ein Teil der Menschen auf zu arbeiten und lebte auf Kosten der anderen. Und was das Schlimmste war - diese wenigen wurden immer reicher, während es den arbeitenden Menschen am Nötigsten fehlte. Bestürzt sah die Göttin, wie sich die menschliche Gesellschaft in Herren und Sklaven spaltete.

Athene war sehr bekümmert, daß es so gekommen war. Obwohl sie die Göttin der Weisheit war, hätte sie diese Entwicklung doch niemals voraussehen können. So ist es bei jeder neuen Erfindung, niemand, nicht einmal ein Gott, kann alle Veränderungen absehen, die sie im Leben der Menschen bewirkt. Der Pflug, dieses einfache Arbeitsgerät, brachte den einen ein Leben im Überfluß, den anderen aber nur Elend.

Was konnte Athene jetzt tun? Wie sollte sie etwas unternehmen, wo doch Zeus, ihr Vater, die neuen Verhältnisse den alten vorzog?

«Auch die Götter sind nicht frei», argumentierte der Herr der Welt. «Sind die Titanen etwa nicht im Tartaros gefangen? Und Prometheus, der an den Kaukasus geschmiedet ist? Oder denkst du vielleicht, daß die Menschen ein besseres Geschick verdient hätten als die Götter?»

Die Göttin der Vernunft konnte sich mit diesen Worten nicht zufriedengeben. Solange sie kräftige, arbeitsfähige Männer müßig herumsitzen sah, hatte sie keine Ruhe. Sie dachte angestrengt nach, um eine Lösung zu finden, bis plötzlich das Bild einer wunderbaren Welt vor ihren Augen erstand, einer Welt, die durch die schönen Künste und die Wissenschaften bereichert wurde. Pallas Athene hatte ihre Bestimmung entdeckt. Nun war es Zeit, ihre Gedanken in die Tat umzusetzen.

Es war eine große Aufgabe, die die Göttin mit Freude erfüllte. Sie ließ sich von ihrem wachen Verstand leiten und scheute keine Mühe, den Menschen mit geschickter Hand die schönen Künste zu zeigen: die Bildhauerei, die Baukunst und die Malerei, die auch Künste der Athene genannt werden. Gemeinsam mit ihren Schwestern, den neun Musen, lehrte sie die Menschen, Poesie, Tanz und Musik zu lieben, und ließ sie die Wirkung wahrer Kunst erleben.

Und es geschah etwas Wunderbares. Das Schöne, das nach antiker Auffassung auf Anmut und Harmonie beruht, wurde zum Lebenselement der Gesellschaft.

Mit dem Streben nach dem Schönen traten überall große Veränderungen ein. Die Städte waren nicht wiederzuerkennen, sie füllten sich mit herrlichen Tempeln, Monumenten und Statuen, deren bloße Anzahl einen Eindruck vermittelt, mit welcher Hingabe die Künstler jener Zeit arbeiteten. Noch heute, Jahrhunderte und Jahrtausende später, haben diese Werke nichts von ihrer großen Ausstrahlungskraft eingebüßt.

Durch die schöpferische Arbeit verschwanden die rohen Umgangsformen, und jene humane Gesinnung setzte sich allmählich durch, die zur Voraussetzung wirklich großer Kunst wurde.

Auch für die Entwicklung der Wissenschaften war das

ein guter Nährboden, und Athene vernachlässigte keine von
ihnen, lehrte die Menschen unter anderem Mathematik,
Astronomie und Medizin. Wegen ihrer Verdienste um die
letzte dieser Wissenschaften wurde die Göttin auch Athene
Hygieia genannt.

Die Tochter des Zeus zeigte den Menschen, wie sie
Schiffe bauen konnten. So reiste die Zivilisation in die
entferntesten Winkel der Erde und machte überall sichtbar,
wie sehr die Liebe zum Schönen das Leben veredeln kann.

Und was war mit den Sklaven?

Leider blieb für sie alles beim alten. Durch ihre Arbeit
schufen sie die Grundlagen dafür, daß sich die freien
Bürger mit Kunst und Wissenschaft befassen konnten, und
hatten doch selbst keine Möglichkeit, sich an der Schönheit
der Welt zu erfreuen.

Trotz allem war ihre Lage im alten Griechenland noch
erträglich, denn die Griechen, die die Kunst liebten und ein
einfaches Leben führten, behandelten ihre Sklaven nicht
schlecht.

Im Lauf der Jahrhunderte änderte sich jedoch die Situation. Die Römer eroberten Griechenland und gründeten ein
mächtiges Imperium, in dem die Liebe zum Schönen mehr
und mehr durch die Liebe zum Reichtum ersetzt wurde. Die
Kunst verkümmerte zu einer bloßen Handelsware. Nur
wenige waren es noch, die selbstlos ihre Kräfte dafür
einsetzten, etwas Schönes zu schaffen. Der Wert eines
Menschen wurde nicht länger nach seinen Taten gemessen,
sondern nach seinem Besitz. Bei ihrer Jagd nach dem
Reichtum legten die freien Bürger ihre edle Gesinnung ab

und verrohten zusehends.

Die Lage der Sklaven verschlechterte sich jetzt rapide, sie wurden nicht einmal mehr als menschliche Wesen angesehen. So wenig zählte das Leben eines Unfreien, daß man sie zur Unterhaltung der Bürger Roms gegeneinander kämpfen ließ. Riesige, amphitheatralisch erbaute Stadien entstanden, wo sich Tausende von Zuschauern daran ergötzten, wie sich unschuldige Menschen gegenseitig erschlugen.

Aus diesen Gladiatorenkämpfen ging Spartacus hervor, der als Anführer eines mutigen Aufstandes Rom in seinen Grundfesten erschütterte. Spartacus starb im Jahr 71 vor Christus im Kampf um die Freiheit seiner geknechteten Gefährten.

So sah das Schicksal der unglücklichen Sklaven aus. Doch verlassen wir nun Rom, wo die Götter nur mehr leblose Statuen waren, und kehren zu jenen fernen Zeiten zurück, als sie noch voller Tatendrang in das Leben der gewöhnlichen Menschen eingriffen und nicht selten Freude und Leid mit ihnen teilten.

Kehren wir zu Pallas Athene zurück, die an der Seite derjenigen stand, denen Schönheit und Menschlichkeit wichtiger waren als der Reichtum.

Auch in jenen Tagen war das Leben bisweilen schwierig. Wenn Feinde das Land bedrohten, lief alles, was die Menschen geschaffen hatten, Gefahr, für immer vernichtet zu werden. Die Göttin der Weisheit zögerte dann nicht zu handeln. Sie ließ ihre Arbeit liegen und eilte zu den Waffen. Unversehens verwandelte sie sich, wurde zu einer

Schlachtengöttin von furchterregendem Aussehen und
eisernem Willen. Sie legte die schützende Aigis an, die von
Schlangen gesäumt und mit einem gräßlichen Gorgonen-
antlitz versehen war, das jeden in Stein verwandelte, der es
nur ansah. Rasch stülpte sie ihren Kampfhelm über, ergriff
Schild und Speer und stürzte sich in die Schlacht, um den
Kriegern zur Seite zu stehen, die für Heim und Herd, für
das Leben ihrer hilflosen Frauen und Kinder und für die
Zukunft der Erde kämpften.

Einer der größten Widersacher Athenes, den sie aber
nicht im geringsten fürchtete, war Ares, der blutrünstige
Gott des Krieges. Wann immer er auf dem Schlachtfeld
ihren Weg kreuzte, hatte er das Nachsehen. Die Göttin
führte ihm ständig vor Augen, daß nicht rohe Gewalt
Überlegenheit schafft, sondern Klugheit und der Gedanke
an die Freiheit. So blieb Athene stets siegreich, wenn die
beiden Unsterblichen aufeinandertrafen. Der Kriegsgott
wußte das und ging ihr aus dem Weg.

Weit größeres Kopfzerbrechen machte ihr aber Eris, die
Göttin, die Zwietracht und Haß säte. Wie konnte Athene
gegen sie ankommen, wo sie doch im Geheimen wirkte und
schlüpfrig war wie ein Aal? Eine einzige schwache Stelle
genügte ihr, um sich einzuschleichen und böses Blut zu
schaffen.

Wann immer das geschah, war alles verloren. Athene
konnte sich mühen, wie sie wollte, das schlimme Ende war
nicht mehr abzuwenden. Jeder Krieger wußte das, ebenso
wie er wußte, daß die Macht der Göttin im Kampfeswillen
der Sterblichen begründet lag. Nicht umsonst gab es den

...für Heim und Herd, für das Leben ihrer hilflosen Frauen
und Kinder und für die Zukunft der Erde...

Ausspruch: «Den Anstrengungen der Athene mußt du die eigenen hinzufügen.»

Wenn die Menschen vereint in den Kampf zogen, tat auch Athene, was in ihren Kräften stand, um Leben zu retten und einen raschen Sieg herbeizuführen. Und sobald der Frieden wiederhergestellt war, stand sie erneut in vorderster Reihe, um die zerstörten Städte schöner als zuvor wieder aufzubauen. Sie wurde dann Athene Ergane, die Schaffensfreudige, genannt.

Arachne fordert Athene heraus

Von Zeit zu Zeit regte sich in ihr der Wunsch, allein zu sein, nicht um auszuruhen, sondern um an ihrem Webstuhl zu arbeiten. Endlose Stunden verbrachte sie beim Weben und Sticken und vergaß alles um sich her, denn Athene Ergane war auch die Göttin des häuslichen Handwerks.

Stoffe von unübertroffener Meisterschaft entstanden unter ihren Händen. Sie fanden für die Gewänder der Götter Verwendung, wurden von der Göttin aber auch an Helden und gewöhnliche Sterbliche verschenkt.

Alle Frauen bewunderten die Kunstfertigkeit der Tochter des Zeus und versuchten, es ihr gleichzutun. Keiner kam aber in den Sinn, ihre Web- und Stickarbeiten mit denen der Göttin zu vergleichen.

Fern im entlegenen Königreich Lydien lebte indessen eine Prinzessin, die diese Handarbeitstechniken so gut beherrschte, daß ihr Können dem der Göttin nahezukommen schien. Sie hieß Arachne und verstand es, aus hauch-

...Endlose Stunden verbrachte sie beim Weben und Sticken
und vergaß alles um sich her...

dünnen Fäden zarteste Stoffe herzustellen, die in allen Herrscherhäusern der Welt begehrt waren.

Unglücklicherweise aber erlag Arachne jenem Wahn, der nur allzu oft begabte Menschen befällt. Sie wurde selbstherrlich und sprach bald nur noch verächtlich von anderen Weberinnen, wie gut diese ihr Handwerk auch verstehen mochten. Als einmal einige Frauen zu ihr gekommen waren, um ihre Arbeiten zu bewundern, verstieg sie sich gar zu der Behauptung, daß sie besser als Athene webte und daß die Göttin es nicht mit ihr aufnehmen könnte.

Nun war unter den Besucherinnen eine alte Frau, die niemand kannte. Kaum hatte Arachne geendet, trat sie hervor und erwiderte:

«Laß mich dir einen guten Rat geben, mein Mädchen. Die Jahre mögen meinen Rücken gebeugt haben, doch haben sie mich auch manches gelehrt. Deshalb höre auf meine Worte: Miß deine Kunstfertigkeit mit wem du willst, doch nicht mit einer Göttin! Und nun bitte Pallas Athene um Vergebung für deine unbedachten Äußerungen.»

«Du bist wohl schon etwas wunderlich, Alte», war Arachnes Antwort. «Deinen Töchtern kannst du gute Ratschläge geben, doch nicht mir. Athene weiß, daß sie den Vergleich nicht bestehen würde, deshalb wagt sie es nicht, sich hier blicken zu lassen.»

«Du irrst, Arachne, hier bin ich. Messen wir also unser Können!» rief die Fremde mit lauter Stimme. Im gleichen Augenblick umgab die alte Frau ein Leuchten, und sie nahm ihre wahre Gestalt an. Es war Pallas Athene, die

Tochter des Zeus.

Die anwesenden Frauen fielen vor der Göttin auf die Knie. Nur Arachne blieb reglos stehen. Sie wartete begierig darauf, sich mit ihrer Rivalin zu messen, und ahnte nicht, daß es ihr Verderben sein sollte.

Der Wettstreit begann. Athene setzte sich an den Webstuhl, ihre göttlichen Hände bewegten das Weberschiffchen mit schnellen, gleichmäßigen Bewegungen. Als ob sie im Takt einer himmlischen Melodie tanzten, fuhren ihre Finger zwischen den farbigen Spulen hin und her und zogen jeden Faden an die richtige Stelle.

Die Göttin war fertig. Vor ihr schimmerte die Akropolis von Athen, mit nicht zu übertreffender Kunstfertigkeit in das feine Tuch gewebt. Alle Götter des Olymp waren versammelt, um zu entscheiden, wem die Herrschaft über Athen, die Stadt des Kekrops, übergeben werden sollte - Athene oder Poseidon. In einer Ecke des Stoffes sah man, wie die Menschen von den Unsterblichen für ihre bösen Taten bestraft wurden. Das ganze Gewebe war mit einem Kranz von Olivenblättern eingefaßt.

Auch Arachne hatte die Götter dargestellt, auf ihrem Stoff sah man indessen, wie sie ihren Schwächen nachgaben und sich von niedrigen Instinkten beherrschen ließen. Die anstößigen Szenen waren für die Götter des Olymp eine Beleidigung. Die jungfräuliche Göttin geriet vor Zorn außer sich. Sie untersuchte das Gewebe genau, konnte aber keinen Makel an ihm entdecken. Arachnes Werk war tatsächlich vollendet, ebenso vollendet wie ihr eigenes.

«Schade», bemerkte die Göttin. «Doch für alle, die es

nicht wissen, soll dies eine Lektion sein. Kunst entsteht nicht durch Dreistigkeit, sondern durch Liebe!» Und sie zerriß Arachnes Stoff in tausend Stücke.

Wie die Stoffetzen zu Boden fielen, brach auch Arachnes Selbstgefälligkeit in sich zusammen. Diese Demütigung war mehr, als sie ertragen konnte. Sie nahm einen Strick, knüpfte das eine Ende zu einer Schlinge und wollte sich erhängen. Athene kam ihr jedoch zuvor, sie lockerte den Knoten und sagte:

«So wie du jetzt an diesem Strick hängst, sollst du weiterleben und weben und alle deine Nachkommen ebenso, du eingebildetes Geschöpf!»

Mit diesen Worten verwandelte sie Arachne in eine Spinne, und seit jener Zeit trägt dieses Insekt im Griechischen den Namen der stolzen Prinzessin.

Von Stund an hängt Arachne an einem Faden und webt unaufhörlich an ihrem Gespinst. Sie tut das wie damals, als sie noch ein menschliches Wesen war, mit großer Perfektion, doch ohne Liebe. Daher hat ihr Werk nichts mit Kunst gemein, und jeder, dem es im Weg ist, wird es achtlos zerreißen.

Der Seher Teiresias

Genauso streng, wie Athene mit anderen verfuhr, war sie auch gegen sich selbst. Sie liebte gute Arbeit über alles und versagte sich jedes andere Vergnügen. So kam es, daß sie sich niemals verliebte, nie heiratete und für immer eine jungfräuliche Göttin blieb.

Es ist also nicht verwunderlich, daß sie sich zutiefst in ihrer Würde verletzt fühlte, als sie einmal von einem Mann beim Baden überrascht wurde, obgleich es ohne seine Absicht geschah. Die Göttin errötete vor Scham und legte ihre Hände auf die Augen des Mannes, die dieser dann nie wieder öffnen konnte. Als Athene sah, daß er sein Augenlicht verloren hatte, tat er ihr leid. Sie hätte jetzt viel darum gegeben, den Vorfall ungeschehen zu machen, doch das war unmöglich. Um aber das Unrecht, das sie ihm angetan hatte, wiedergutzumachen, schärfte die Göttin sein Gehör, so daß er aus weiter Ferne das kleinste Geräusch wahrnehmen konnte und die Sprache der Vögel verstand. Sie verlieh ihm auch die Gabe, in die Zukunft zu schauen, und gab ihm einen Stab, der seine Schritte mit Zauberkräften lenkte, so als ob er sehen könnte. Der blinde Mann hieß Teiresias, er war der größte Seher jener Zeit.

Dieser Mythos zeigt uns, wie die Strenge der Göttin in Nachsicht und Wohlwollen umschlagen konnte. In der Tat war ihre Neigung zur Milde bemerkenswert. Wenn ein Gericht bei Stimmengleichheit der Richter nicht darüber befinden konnte, ob der Angeklagte schuldig oder unschuldig war, wurde er freigesprochen, denn man zählte Athenes Stimme mit, die in solchen Fällen immer zugunsten des Angeklagten entschied. Es wird berichtet, daß die Tochter des Zeus das Recht erlangte, Zünglein an der Waage zu sein, weil sie den Areiopag, das oberste Gericht Athens, gegründet hatte.

Die Stadt der Pallas Athene

Wegen ihrer Tugenden und der großen Hilfe, die sie den Menschen gewährte, wurde Athene in ganz Griechenland verehrt. Sie trug auch den Beinamen Poliuchos, Schutzherrin der Städte. Jede Stadt besaß eine kleine, hölzerne Statue der Göttin, das sogenannte Palladion, das sorgsam gehütet wurde, denn wenn es jemals verlorenginge, so wäre, wie man glaubte, auch die Stadt verloren.

Eine Stadt aber zog Athene allen anderen vor, und das war diejenige, die ihren Namen trug. Die Athener betrachteten sie als ihre wichtigste Göttin und weihten ihr nahezu alle Tempel der Akropolis.

Pallas Athene wirkte unaufhörlich für ihre Stadt. Sie half Kekrops, dem Gründer und ersten König Athens, die Akropolis zu befestigen und herrliche Bauwerke auf ihr zu errichten.

Die Tochter des Zeus zog Erechtheus auf, der nach Kekrops König von Athen wurde. Es existiert sogar ein Mythos, der uns glauben läßt, daß Erechtheus der Sohn der Athene und des Hephaistos war, doch die Athener, die ihre Göttin als Jungfrau verehrten, wollten davon nichts wissen. Sie ließen sich nicht davon abbringen, daß Athene stets unberührt blieb und Erechtheus der Sohn von Hephaistos und Gaia war. Aus diesem Grund nannten sie ihn auch Erichthonios, den «Erdentsprossenen».

So berichten sie also, daß Mutter Erde das von ihr geborene Kind nicht aufziehen wollte. Deshalb ging sie zu Athene und legte ihr den Säugling mit folgenden Worten zu

Füßen:

«Dieses Kind gehört dir. Dich begehrte Hephaistos zur Frau und nicht mich, daher mußt du auch sein Kind aufziehen. Nimm es also in deine Obhut.»

Mitleidig schaute Athene auf das Neugeborene herab, das ihr seine Arme entgegenstreckte.

«Ja, ich werde es aufziehen», sagte sie und nahm das Kind hoch.

Sie legte es zusammen mit einer heiligen Schlange, die es vor jeder Gefahr beschützen sollte, in einen Korb und wiegte es in den Schlaf. Nachdem sie den Korb ganz und gar zugedeckt hatte, so daß nichts mehr zu sehen war, brachte sie ihn zu Aglauros, einer der drei Töchter von König Kekrops, und übergab ihn ihr mit den Worten:

«Bewache du an meiner Stelle diesen Korb. Erzähle aber niemandem davon und öffne ihn unter keinen Umständen. Tust du es doch, könnte es dir übel ergehen.»

Die Göttin wollte niemanden erfahren lassen, daß sie ein fremdes Kind angenommen hatte.

«Bevor es Nacht wird, werde ich den Korb wieder abholen», fügte sie noch hinzu und eilte fort, um weiter an der Befestigung der Akropolis von Athen zu arbeiten.

Kaum war Athene gegangen, konnte Aglauros ihre Neugierde nicht mehr bezähmen. Sie mißachtete die Warnungen der Göttin und öffnete den Korb. Aus dem Innern schoß die Schlange hervor, und ihr bloßer Anblick genügte, daß Aglauros vor Schrecken den Verstand verlor. Blindlings lief sie davon, bis sie schließlich von der Akropolis stürzte und den Tod fand.

Eine vorüberfliegende Krähe überbrachte der Göttin die
Nachricht, die in diesem Augenblick einen riesigen Fels-
brocken heranschleppte, um mit ihm die Befestigung der
Akropolis zu verstärken. Erschrocken ließ Athene den
Felsen fallen und lief zu dem Kind. Sie nahm es mit in
ihren Tempel, wo sie es wie ein eigenes aufzog.

Der Felsen blieb an eben jener Stelle liegen, wo die
Tochter des Zeus ihn fallengelassen hatte. Er trägt den
Namen Lykabettos und erhebt sich mitten im heutigen
Athen. Der Krähe aber, die ihr die Unglücksbotschaft
gebracht hatte, gab Athene eine andere Farbe. Bis zu jenem
Tag waren sie und ihre Artgenossen schöne weiße Vögel
gewesen, die Lieblingsvögel der Göttin. Nun bekamen die
Krähen ein pechschwarzes Gefieder, und ihre Stimme
verwandelte sich in ein trauriges Krächzen. Die Göttin
konnte ihren Anblick nicht länger ertragen und verbot
diesen Vögeln, sich jemals wieder der Akropolis zu nähern.
Von Stund an nahm die Eule in Athenes Gunst den Platz
der Krähe ein, und ihre großen leuchtenden Augen versinn-
bildlichen Weisheit und Gedankentiefe.

Als Erechtheus König von Athen wurde, blühte die Stadt
auf. Mit Athenes Hilfe führte er den vierspännigen Wagen
ein, erfand die Kunst, Silber zu veredeln, und prägte die
ersten Münzen. Als Eumolpos, der König des benachbarten
Eleusis, mit seinem Heer in Attika einfiel, besiegte ihn
Erechtheus. Eumolpos fiel in der Schlacht, worüber sein
Vater, der Meeresgott Poseidon, so zornig wurde, daß er
Erechtheus tötete.

Erechtheus wurde von Athene und allen Einwohnern der

Stadt beweint. Man begrub ihn an der Stelle, wo er den Tod gefunden hatte - auf der Akropolis. Später errichteten die Athener dort einen prächtigen Tempel aus Marmor, das Erechtheion. Sie weihten ihn Athene, Poseidon und Erechtheus, den sie wie einen Gott verehrten. Von dieser Zeit an wurde Athen oftmals auch Stadt des Erechtheus genannt, denn er war der Stammvater aller Könige von Athen bis hin zu dem großen Helden Theseus.

Erechtheus hatte die Panathenaien ins Leben gerufen, das Hauptfest der Stadt, das Pallas Athene zu Ehren durchgeführt wurde.

Höhepunkt der Panathenaien war eine große Prozession mit dem neuen Gewand für Athene, an dem die geschicktesten Athener Mädchen monatelang gewebt hatten und das nun von den hübschesten Jungfrauen auf die Akropolis getragen wurde.

Bei diesem Festzug zeigte sich die Stadt in ihrem besten Licht. Angesehene Bürger nahmen daran teil, auserwählte Krieger und Reiter, die hübschesten Jungfrauen und Jünglinge sowie diejenigen der Alten, die sich durch ihre Tapferkeit und Weisheit hervorgetan hatten. Es war für einen Athener Bürger eine große Ehre, dabei zu sein.

Die Panathenaien dauerten viele Tage. In ihrem Verlauf fanden Wettkämpfe und Pferderennen statt, man trug die Epen Homers vor, Sänger, Tänzer und Musikanten aus ganz Griechenland stellten im künstlerischen Wettstreit ihr Können unter Beweis. Die Sieger all dieser Wettbewerbe erhielten Kränze vom Ölbaum, aber auch Geldpreise.

Höchsten Tribut zollten die Athener ihrer Göttin mit den

Heiligtümern der Akropolis. Hier muß man an erster Stelle den der jungfräulichen Athene geweihten Parthenon nennen. Dieses Wunder der Architektur und Bildhauerkunst wird zu Recht als eines der größten Meisterwerke aller Zeiten angesehen. Der Zufall wollte es so, daß das schönste Bauwerk einer Göttin zu Ehren erbaut wurde, die die Menschen das Schöne lehrte. Und daß die Stadt, die sich diese Göttin zur Schutzherrin erkor, zur Wiege der Weisheit und des Schönen wurde. Wie es scheint, liegt manchmal auch im Zufall ein tieferer Sinn.

Bei alledem darf man nicht vergessen, daß Pallas Athene allein das Produkt menschlicher Vorstellungskraft ist,

wenngleich auch eines, das höchste Bewunderung verdient. Ihr Werk war das Werk der Menschen, und die Stadt Athen erblühte durch die Arbeit unzähliger Künstler und Denker, die unter den Großen der Welt einen besonderen Platz einnehmen. In ihrem Streben zum Guten und Schönen konnten die Athener so erfolgreich sein, weil sie die von der Göttin der Weisheit verkörperten Tugenden allen anderen voransetzten - Vernunft, Schönheit, Menschlichkeit. Jene Menschlichkeit, ohne die die Schönheit ihren Glanz und die Weisheit ihre Kraft verliert.

Wir wollen deshalb unsere Ausführungen über diese wundervolle Göttin mit den zutiefst menschlichen Worten schließen, die der Priester der Athene sprach, wenn er den heiligen Bezirk am Fuße der Akropolis pflügte: « Verweigere niemandem Wasser oder die Wärme des Feuers. Zeige niemals einen anderen als den richtigen Weg. Laß nie einen Toten unbestattet. Töte nicht den Ochsen, der den Pflug zieht.»

POSEIDON

Der Streit um Attika

Poseidon, der Bruder des Zeus und Sohn des furchtbaren Kronos, war der Herr über das weite, unberechenbare Meer, das in wilden Sturmnächten selbst die besten Schiffe zu verschlingen droht und schon am nächsten Morgen wieder still und friedlich ihren Bug umspielt.

Der mächtige Erderschütterer glich dem Element, das er beherrschte, er konnte hartherzig und wild, aber auch sanft und gutmütig sein.

Geriet er in Zorn, so kümmerte es ihn nicht, ob Schiffe

auf offener See waren. Er wühlte das Wasser mit seinem
Dreizack auf, bis sich die Wellen haushoch türmten und mit
unerhörter Gewalt an die felsigen Küsten brandeten. Und
allen, die den schützenden Hafen nicht mehr erreichen
konnten, drohte der Untergang. Hatte sich Poseidons Zorn
erschöpft, legte er seinen Dreizack auf die Wasseroberfläche, und das stürmische Meer beruhigte sich allmählich.
Bald wagten sich auch all die trefflichen Schiffe wieder
hinaus, Delphine glitten in ihrem Kielwasser dahin und
zerteilten die blauen Wellen.

Als Volk der Seefahrer verehrten die Griechen den Meeresgott sehr und baten ihn oft um Schutz.

Poseidon wünschte sich jedoch, wie alle Götter eine
Stadt zu haben, die er sein eigen nennen durfte. Ihre Einwohner würden ihm dann besondere Ehren erweisen, wofür
er ihnen wiederum Schutz und Hilfe gewähren wollte.

Nun hatte der Beherrscher der Meere an Attika Gefallen
gefunden, wo unter Kekrops eine neue Stadt entstand.
Kekrops, ein von Mutter Erde geborenes Urwesen, halb
Mensch, halb Schlange, war der erste König von Attika.

Poseidon kam zu Kekrops, als dieser auf der Akropolis
die Bauarbeiten überwachte. Er bat den König, ihm die
neue Stadt zu weihen und sie ihm zu Ehren Poseidonia zu
nennen.

«Tust du, was ich von dir verlange, wird deine Stadt die
Meere beherrschen. Deine Schiffe werden in alle Länder
der Welt fahren, und niemand wird es wagen, sich mit dir
zu messen!»

Mit diesen Worten schleuderte der Erderschütterer seinen Dreizack mit aller Kraft in den Felsen. Sogleich entstand ein Brunnen, der von Seewasser gespeist wurde.

«Dies ist mein Geschenk», sagte er. «Wenn ihr in ferne Länder aufbrechen wollt, so kniet nieder und legt euer Ohr an den Brunnen. Hört ihr darin das Tosen des Meeres, dann verlaßt den Hafen nicht, denn ihr würdet in ein großes Unwetter geraten, und eure Schiffe wären allesamt verloren.»

Als Poseidon geendet hatte, entschwand er den Blicken des Königs von Attika.

Kaum hatte sich Kekrops von seiner Verwunderung erholt, als plötzlich Athene vor ihm erschien, die Göttin der Weisheit. Auch sie bat ihn, ihr die Stadt zu weihen und diese dann Athen zu nennen.

«Wenn du meinen Wunsch erfüllst, wird deine Stadt die Stadt der Weisheit und des Schönen sein. Kunst und Wissenschaft sollen hier erblühen, in ungeahnte Höhen wird sich der Geist emporschwingen und die ganze Welt erleuchten.»

Als sie geendet hatte, berührte die Göttin mit ihrem Speer den Felsen, und an eben dieser Stelle wuchs sogleich ein Olivenbaum, dessen Zweige voller Früchte hingen.

«Dies ist mein Geschenk», erklärte Athene. «In ganz Attika soll dieser Baum Verbreitung finden, mit seinen Früchten euren Hunger stillen und mit seinem Öl das Dunkel erhellen. Seine Zweige werden das Symbol für den Frieden sein.»

Kekrops war hoch erfreut über Athenes Geschenk, und der Gedanke, daß seine Stadt zum geistigen Zentrum der

Welt werden sollte, gefiel ihm sehr. Poseidon hatte sie indessen als erster von ihm gefordert, deshalb wußte der König nicht, was er tun sollte.

Da war der Meeresgott auch schon zurück. Wütend stürzte er herbei, um den Olivenbaum auszureißen, doch Athene trat unerschrocken vor und verstellte ihm den Weg.

Poseidon fühlte sich so sehr in seinem Stolz verletzt, daß er Athene zum Zweikampf herausforderte. Die Göttin zögerte nicht, seine Herausforderung anzunehmen.

«So soll es denn sein!» rief sie, trat einige Schritte zurück und schwang ihren langen Speer. Poseidon tat es ihr gleich, er schwenkte drohend seinen furchtbaren Dreizack.

Beide waren bereit, übereinander herzufallen, als im letzten Moment Zeus selbst vor ihnen erschien.

Im Angesicht des Herrschers der Welt ließen Athene und Poseidon ihre Waffen sinken, denn Zeus' Willen war für sie bindend.

Nun wollte Zeus, der Athene über alles liebte, seiner Tochter die Stadt zusprechen. Doch Poseidons schrecklicher Zorn stimmte ihn bedenklich. Deshalb beschloß er, auch noch die anderen Götter hinzuzuziehen, damit die Entscheidung von allen gemeinsam getroffen würde.

Es versammelten sich also alle Götter des Olymp auf der Akropolis, und Kekrops berichtete ihnen genau, was vorgefallen war. Er schloß mit den Worten:

«Euer Wille wird von mir und von allen Menschen in Attika geachtet werden. Die Tempel und Statuen, mit denen die Akropolis geschmückt wird, sollen dem Gott geweiht sein, den ihr zum Schutzherren unserer Stadt bestimmt.»

Dann gaben die Götter einzeln ihre Entscheidung bekannt. Alle Göttinnen stimmten für Athene und alle Götter für Poseidon. Zeus selbst enthielt sich der Stimme, daher beschloß das Gericht mit der Mehrheit von einer Stimme, die Stadt Athene zuzusprechen.

So erhielt sie auch den Namen der Göttin.

Poseidon jedoch verfiel in rasenden Zorn und sandte eine Sturmflut über die Ebene, in der die Stadt lag. Die Athener wandten sich in ihrer Not an das Orakel von Delphi. Sie wollten auf diesem Weg erfahren, was sie tun müßten, um den erzürnten Gott zu besänftigen.

Der Orakelspruch lautete, daß Poseidon nur beschwichtigt werden könne, wenn alle Frauen der Stadt bestraft würden. Es müßte ihnen das Stimmrecht entzogen werden, sie dürften nicht länger als Bürger gelten, und ihre Kinder sollten fortan den Namen des Vaters tragen und nicht den der Mutter, wie es bislang Brauch gewesen war.

Und so geschah es dann auch. Durch diesen Orakelspruch, der vielleicht so alt ist wie Athen selbst, wurde ausgelöscht, was von der Zeit des Matriarchats noch übrig war.

Die Bewohner Athens verehrten auf der Akropolis nicht nur Pallas Athene, sondern auch den Meeresgott. Auf Kap Sounion, der Südostspitze Attikas, errichteten sie ihm einen prächtigen Tempel. Poseidon wiederum erwies der Stadt jede erdenkliche Hilfe, so daß sie wirklich bald zu einer großen Seemacht wurde. Der von ihm aus dem Felsen geschlagene Brunnen auf der Akropolis blieb den Athenern erhalten und leistete ihnen große Dienste.

Es gibt auch heute noch einen Brunnen auf der Akropolis, und man sagt, daß es sich um eben jenes Geschenk Poseidons handle. Bei Südwind kann man aus der Tiefe ein Rauschen hören, das wie der ferne Widerhall des stürmischen Meeres klingt.

Nachdem Poseidon Attika verloren hatte, fiel seine Wahl zunächst auf Argos, wo er sich aber mit Hera konfrontiert sah, die die Stadt für sich beanspruchte. Ein zweites Mal wurden die übrigen Götter als Richter herbeigerufen, doch bevor sie ein Urteil fällten, forderten sie Poseidon das Versprechen ab, der Stadt nicht das gleiche anzutun wie Athen, falls sie sich gegen ihn entscheiden sollten.

Es kam tatsächlich so, daß auch diese Abstimmung zu seinen Ungunsten ausging, und der Meeresgott geriet abermals in ohnmächtigen Zorn. Da er aber versprochen hatte, die Sturmflut von Athen nicht zu wiederholen, verfiel er voller List auf den Gedanken, gerade das Gegenteil zu tun. Er ließ alle Quellen versiegen, woraufhin ihm die Einwohner von Argos einen Tempel errichteten, um ihn zu besänftigen.

Nach Argos versuchte Poseidon in anderen Gegenden Fuß zu fassen, doch er mußte Zeus die Insel Aigina überlassen, Apollon Delphi und Dionysos Naxos, und erst bei Korinth, um das er mit dem Sonnengott Helios stritt, hatte er mehr Glück.

Diesmal trat Briareos, der Sohn des Uranos, als Richter auf und fällte eine weise Entscheidung. Er sprach das höher gelegene Akrokorinth Helios zu, Korinth selbst aber mit seiner Landzunge, dem Isthmos, erhielt Poseidon, der dadurch endlich zufriedengestellt war.

Die Einwohner von Korinth brachten dem Meeresgott höchste Ehrerbietung entgegen. Sie widmeten ihm die Isthmischen Spiele, die in ihrer Bedeutung nur noch von den Olympischen Spielen übertroffen wurden.

Der sportliche und musische Wettstreit fand im heiligen Bereich statt. Dort befand sich auch ein prächtiger Poseidontempel mit einer eindrucksvollen Statue des Gottes. Sie zeigte ihn aufrecht stehend, mit dem Dreizack in der Hand, und neben ihm saß Amphitrite, seine wunderschöne Frau.

Poseidon und Amphitrite

Der mächtige Poseidon heiratete Amphitrite, nachdem er sie ihrem Vater, dem greisen Nereus, geraubt hatte. Der über die Gabe der Weissagung verfügende Gott hatte fünfzig Töchter, die Nereiden. Unter ihnen war auch Thetis, die Mutter des Achill. Wegen seiner Güte liebte Amphitrite ihren Vater über alle Maßen, ihre Zuneigung war so groß, daß sie nicht heiraten wollte, um für immer bei ihm zu bleiben.

Eines Tages sah Poseidon sie an einem Strand von Naxos mit ihren Schwestern tanzen und verliebte sich augenblicklich in sie. Amphitrite erschrak so, als sie ihn sah, daß sie bis ans Ende der Welt lief, wo der mächtige Titan Atlas das Himmelsgewölbe auf seinen Schultern trug, um sich dort zu verbergen.

Lange Zeit suchte der Meeresgott vergeblich nach der lieblichen Nereide. Seine verzweifelte Wut entlud sich über

dem Meer, das er mit seinem furchtbaren Dreizack auf-
wühlte. Monat um Monat ging so dahin, und noch immer
tobte die See. Gewaltige Wellen rollten heran, und es
schien, als ob sie niemals mehr zur Ruhe kommen sollten.
Endlich sandte der mächtige Zeus einen Delphin aus, der
seinem Bruder Amphitrites Versteck verriet, woraufhin
Poseidon die Tochter des Nereus entführte und zur Frau
nahm. So glätteten sich die Wogen, und das Meer wurde
wieder still.

Amphitrite lebte von nun an in einem prächtigen blauen
Palast unter den Wellen. Mochten auch heftige Stürme die
Wasseroberfläche peitschen – bei ihr in der Tiefe war es
allezeit ruhig und friedlich. Scharen von Meeresnymphen
standen Amphitrite zu Diensten und erfüllten jeden ihrer
Wünsche.

Vier unsterbliche Pferde zogen das göttliche Gefährt, in
dem die Nereide an Poseidons Seite über das Meer fuhr.
Vor den beiden Göttern teilten sich die Wellen, Meeresvö-
gel kreisten mit ausgelassenen Schreien über ihren Köpfen,
und Delphine glitten neben ihnen durch das Wasser.

Oft wurde das Paar von anderen Meeresgottheiten begleitet. Unter ihnen waren die Nereiden, die Schwestern der
Amphitrite, und ihr Vater Nereus, der große Seher der
Meere, der keine Lüge kannte und den Menschen nichts
anderes als die Wahrheit offenbarte. Und Triton, der Sohn
von Poseidon und Amphitrite, der selbst ein großer Meeresgott war. Wenn er in seine Muschelhörner blies, so
erklangen sie mit lautem Donner und riefen furchtbare
Stürme hervor. Auch Proteus war dabei, ein orakelspre-

chender Meeresgreis, der jedoch sein Wissen niemals kundzutun wünschte und sich den Fragenden entzog, indem er sich in eine Schlange oder einen Löwen, in Feuer oder Wasser oder was immer er sonst wollte, verwandelte. Dann sah man noch Glaukos, früher ein einfacher Fischer und jetzt ein weissagender Meeresgott. Er blieb trotz seiner Verwandlung so bescheiden und offenherzig, wie er als Sterblicher gewesen war, liebte die Seeleute und Fischer und half ihnen, wenn ihnen eine Gefahr drohte.

Poseidon hatte viele Kinder, nicht nur von Amphitrite, sondern auch von anderen Frauen. Die meisten seiner Nachkommen waren Meeresungeheuer, die den Menschen nur Unheil brachten. Das sollte uns aber nicht verwundern, denn schließlich war Poseidon der Gott des Meeres, und das Meer hat dem Menschen schon immer Leid zugefügt. Wie ein Magnet zieht es kühne Männer an, um sie dann niemals mehr herzugeben. Wie oft schon waren die Hoffnungen und Träume einfacher Menschen verloren so wie die Trümmer ihrer Schiffe, die auf dem Meer dahintrieben. Und ihren wartenden Angehörigen blieb nur die Verzweiflung.

In der Regel schützte Poseidon jedoch die Schiffe und geleitete sie mit günstigem Wind schnell und sicher an ihr Ziel.

Als griechischer Gott verteidigte der Herr der Meere auch seine Heimat gegen ihre Feinde.

So wird berichtet, daß er mit seinem Dreizack riesige Wogen auftürmte, um die persische Flotte, die Griechenland erobern wollte, an der felsigen Küste des Athos

zerschellen zu lassen. Und von der Seeschlacht bei Salamis
heißt es, daß Poseidon selbst die Perser verwirrte und den
Griechen damit zum Sieg verhalf.

Viele tapfere Seefahrer sollen Söhne des Poseidon sein,
so zum Beispiel Byzas, der Gründer von Byzanz.

Ankaios

Ein anderer Sohn des Gottes war Ankaios, der die Stadt
Samos gründete. Von ihm wird folgendes erzählt:

Ankaios war grausam und herzlos, was er seine Sklaven
oft spüren ließ.

Einmal wollte er einen Weinberg anlegen. Um die Arbeit schneller zu beenden, trieb er seine Sklaven so unbarmherzig an, daß einer von ihnen schließlich all seinen
Mut zusammennahm und seinen Herrn an den Ausspruch
erinnerte:

«Töte nicht den Ochsen, der den Pflug zieht.»

«Was willst du damit sagen?» schrie Ankaios.

«Eben das, was du gehört hast, Herr. Es ist nicht richtig
von dir, daß du so mit Menschen verfährst, die hart arbeiten, damit du zu Macht und Reichtum gelangst. Doch laß
dir sagen, daß deine Eile vergeblich ist, denn es ist dir nicht
vergönnt, jemals Wein von diesem Weinberg zu kosten.»

Ankaios war außer sich vor Wut, doch er sagte kein
Wort, denn er hatte Angst. Viele Menschen besaßen die
Sehergabe, und oft war sie bei einem Sklaven noch stärker
entwickelt als bei einem freien Mann.

Drei Jahre vergingen. Die Weinstöcke hingen voller

Trauben, deren Saft gekeltert und gegoren wurde, und bald schon war die Zeit gekommen, den neuen Wein zu probieren.

Da nahm Ankaios einen Weinkelch und rief den Sklaven herbei, der vor drei Jahren so kühn zu ihm gesprochen hatte.

«Komm her und schenk mir Wein ein!» fuhr er ihn an. Der Sklave tat, wie ihm befohlen wurde, ohne ein Wort zu sagen.

«So, jetzt schenk noch allen anderen ein», fuhr Ankaios fort, «und dir selbst auch!»

Als der Sklave fertig war, hob Ankaios den Kelch und sagte zu ihm:

«Weißt du noch, was du damals gesagt hast? Also dann Freund, auf dein Wohl!»

«Glaub nicht, daß ich dir Böses wünsche, Herr», antwortete der Sklave, «doch leider kann noch viel passieren, bis du den Kelch an deine Lippen setzt.»

Im selben Augenblick waren gellende Schreie zu hören:

«Ein wilder Keiler! Ein wilder Keiler verwüstet den Weinberg!»

Ankaios setzte den unberührten Kelch ab und lief zum Weinberg, wo sich der Keiler auf ihn stürzte und ihn tötete.

Unbändige Wut erfaßte Poseidon, als er erfuhr, welches Ende die Schicksalsgöttinnen seinem Sohn bestimmt hatten. Schäumend schwoll die See, und ihre Wogen schlugen mit so großer Wucht gegen die Felsen, daß die Gischt bis in den Himmel sprühte. Wer in diesen Aufruhr der Elemente geriet, mußte wahrlich um sein Leben ban-

gen, und es sollte lange Zeit vergehen, bis sich Poseidons
Zorn legte und das Meer wieder ruhig wurde.

HESTIA

Eine bescheidene Göttin

Wie Homer uns berichtet, wurde keiner der Unsterblichen von den Menschen so geliebt und verehrt wie Hestia.

Hestia war eine schlichte Göttin, die bescheiden im Stillen wirkte. Von ihr existieren keine eindrucksvollen Mythen, denn sie suchte weder das Abenteuer noch den Glanz großer Taten.

Und dennoch verehrten sie die Menschen mehr als alle anderen Götter. Welcher der Unsterblichen hätte sich schon rühmen können, in jedem Haus einen Opferaltar zu besitzen, dessen Flamme nie erlosch? Sie allein war es, die die Menschen baten, ihre Speisen zu segnen, und ihr dankten

sie auch, wenn sie sich vom Tisch erhoben. Selbst wenn sie
einem anderen Gott opferten, begannen sie die Hymne stets
mit Hestias Namen und weihten ihr das Fett von jedem
Opfertier.

Weshalb wurde dieser bescheidenen Göttin so hohe Ehre
erwiesen?

Die Antwort liegt auf der Hand - Hestia war die Göttin
des Hauses und seines nie verlöschenden Herdes.

Damit läßt sich ihre große Beliebtheit durchaus erklären.
Um diesen Zusammenhang noch besser zu verstehen,
müssen wir uns auf eine Reise in die Vergangenheit begeben. Auf den Schwingen der Phantasie wollen wir in jene
alten Zeiten zurückkehren und an einem Winterabend
heimlich die Behausung einfacher, arbeitender Menschen
betreten.

Das Haus wird uns sonderbar erscheinen, denn es besteht einzig und allein aus einem einfachen, viereckigen
Raum. In der Mitte befindet sich ein niedriger Herd, der
gleichzeitig Opferaltar ist, jener Altar, den wir zuvor
erwähnt haben. Er trägt im Griechischen den Namen der
Göttin und wird Hestia genannt. Auf dem Herd lodert ein
Holzfeuer. Über ihm in der Decke ist ein Loch, durch das
der Rauch entweichen kann. Ein Kessel steht auf dem
Feuer, in dem eine Frau das Essen kocht. Jetzt nimmt sie
ihn vom Herd und hebt den Deckel, so daß sich ein köstli-
cher Duft im Raum verbreitet. Die ganze Familie ist um
den Herd versammelt, alle genießen die Wärme des Feuers
und ruhen sich nach der Feldarbeit eines langen, harten
Tages aus. Die Kinder suchen die Nähe des Vaters und

klettern dem Großvater auf den Schoß. Und die Mutter hat für jeden ein gutes Wort, wenn sie Brot und die dampfende Suppe austeilt.

Wir haben nun genug gesehen, um zu verstehen, warum die Menschen Hestia, die Göttin des häuslichen Herdes, so sehr verehrten.

Sie war ihnen teuer, weil sie die Geborgenheit der Familie, den Frieden und das Leben liebten. Die Menschen schätzten die bescheidenen Götter mehr als die stolzen, denn sie waren ihnen näher und vertrauter.

Hestia, die älteste Schwester des Zeus und Tochter des fürchterlichen Kronos, war wie Athene und Artemis eine jungfräuliche Göttin. Ihr einziger Wunsch bestand darin, die Herzen der Menschen zu erwärmen, und eben diesen Sinn hatte auch das Feuer, das im Herd jedes Hauses brannte. Es durfte niemals verlöschen, denn wenn das geschah, würde großes Unheil über das Haus kommen. Da es in jener Zeit mit großer Mühe verbunden war, ein Feuer zu entfachen, ist es nicht verwunderlich, daß man glaubte, ein erloschenes Feuer sei ein Unglück.

So wurde das Herdfeuer über Generationen hinweg unterhalten. Wenn die Kinder heranwuchsen und heirateten, nahmen sie glühende Kohlen für den neuen Hausstand aus dem elterlichen Herd. Die Flamme ging über vom Vater auf den Sohn und verbreitete durch Jahrhunderte und Jahrtausende Licht und Wärme. Deshalb sprach man vom häuslichen Herd wie von etwas sehr Wertvollem, für dessen Verteidigung man bereit war zu sterben, denn man verteidigte mit ihm zugleich Kinder, Frauen, Alte und die Häuser selbst.

Doch nicht nur in den Häusern wurde ein Feuer unterhalten. In jeder Stadt gab es ein öffentliches Gebäude, das man Prytaneion nannte. In der Mitte seines größten Raumes stand der Altar für die Göttin Hestia, auf dem ein ewiges Feuer brannte. Wenn die Menschen auszogen, um in fernen Ländern Kolonien zu gründen, nahmen sie vom Prytaneion ihrer Stadt glühende Kohlen für ein neues Altarfeuer mit sich. Es erinnerte sie für alle Zeiten an das heilige Band zwischen der alten und der neuen Stadt und verkörperte ihre unstillbare Sehnsucht nach der Heimat.

Als Göttin der Familie liebte und beschützte Hestia die Kinder. Ihr vertraute Alkestis ihre Kinder an, bevor sie starb.

Doch von diesem Mythos, der von Menschlichkeit und Selbstaufopferung berichtet, soll im Buch über Herakles die Rede sein.

Hiermit sind wir mit unseren Ausführungen über die Götter des Olymp am Ende.

INHALT